メイクが変わればあなたが変わる

一生モノのメイク術

TOMOMI

新星出版社

目次

STEP 3

あか抜け顔は簡単に手に入る

STEP 4

美人をつくる3つのパーツ

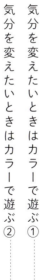

STEP 5

スキンケアで美人度を底上げする

はじめに

あなたにとってメイクとはどんなものですか？
顔を洗ったり、歯を磨いたりすることと同じような、ただの日課ですか？
私にとってメイクとは、私の人生を変えてくれた最強の武器です。

私は２０１６年に友人のブログで取り上げられたことがきっかけで、人生が大きく変わりました。話題になったのはこのｂｅｆｏｒｅ、ａｆｔｅｒの写真です。

before

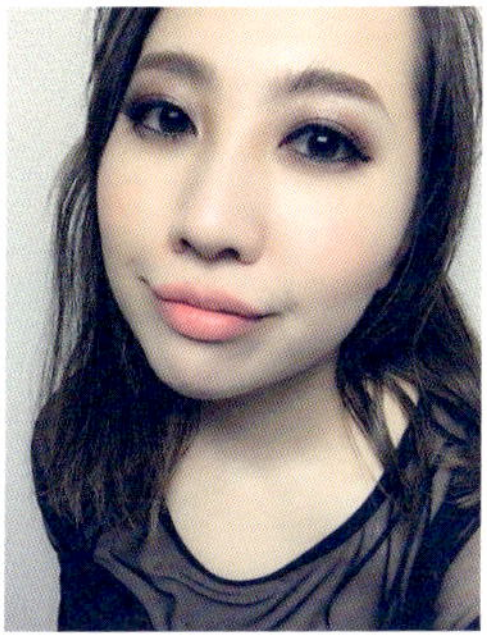

after

どうですか？ びっくりしましたか。
どちらも「本当の私」です。

ご紹介が遅れました。私の名前はＴＯＭＯＭＩです。このブログが話題になる前は化粧品メーカーのＭ・Ａ・Ｃでメイクアップアーティストとして10年間働き、３万人以上の方にメイクを施してきました。現在は独立し、メイクスクール「ｍａｋｅｕｐ ｓｔｕｄｉｏ ＴＯＭＯ」でコンプレックスに悩む女性を美しく、自信ある女性に変えるお手伝いをしています。

私は15歳でメイクに出会うまで、自分の顔に自信がありませんでした。「おじさんみたいな顔だよね」と言われて傷ついたこともあります。

そんな自分を変えたい、ただただキレイに可愛くなりたいと思ってはじめたメイクですが、上手になるにつれてメイクで変わることがどんどん楽しくなっていきました。メイクをするだけで周りの反応が変わり、いつもより優しく、丁寧に扱ってくれるのです。いつの間にかメイクをしたあとは言葉遣いや仕草まで変わるようになりました。

友人たちはその様子に「ＴＯＭＯＭＩはすっぴんとメイクをしている時、顔以外も別人みたいだよ！」と言われるほどでした。

ブスだと思って卑屈になっていた私でも、メイクによって自分に自信を持つことができたのです。メイクは外見だけでなく、内面もキレイにしてくれる魔法のようなもの。
メイクの力って本当にすごいんです！

さあ、この瞬間からスタートしましょう！
必ず、あなたも私のように変わることができます。

メイクは誰にでもできるもの、器用さやセンスは必要ありません。小さい頃、毎日練習して自転車に乗れるようになったように、メイクも毎日手を動かし練習することで自然と身についていくのです。今までメイクをほとんどされたことがない方も私がしっかりサポートするので安心してください。

一度身についたテクニックは、あなたにとって一生モノの財産になります。
全ての女性に美しくなることの楽しさ、喜びは用意されているのです。

TOMOMI

STEP 1

コンプレックスがあってもメイクによって輝ける

ピアス¥3,300(サンポークリエイト〈mimi33〉)
その他／私物

誰にでも
コンプレックスは
ある

あなたは自分のお顔が好きですか？

好きはおろか、嫌いなところばかりという人も多いでしょう。**つい自分のお顔の好きなところよりも、嫌いなところに目を向けてしまいますよね。**

よくわかります。私も昔はそうでした。自分に自信がなく「別人になりたい！」と変わりたい願望が強かった昔の私。自分の理想とのギャップからコンプレックスだった濃くて太い眉毛を全部剃ってしまったことさえあります。丸顔で太って見えるところも嫌でした。

「なんで自分の顔はこんなに男らしいんだろう」「もっと小顔で可愛い顔に生まれたかった」そんなことばかり考えて、いくら鏡と睨めっこしても、もちろん現実は変わりません。

その頃の私の顔はきっと悲しんでいたと思います。

レッスンに通っている生徒さんも、私のように嫌いなところを悩み、隠そう隠そうと考えている方が多いです。

メイクはコンプレックスを隠すためのものではなく、あなたの魅力をより輝かせるために行うものです。

女性であることの楽しさ、生きがい、自信をくれたのは自分の手でつくりあげていくメイクアップとの出会いでした。ひと塗りで変わる肌の質感や1本のラインで変わる目の大きさ。

「このままの私でもキレイに可愛く変身できるんだ！」そう思いました。

自分の大切なお顔は人と比べるものではありません。

自分を他人に似せようとすることになんの意味もないのです。メイクを学べば、コンプレックスも魅力のひとつに変えることができます。

私の太くて濃い眉毛だって、眉の正しい描き方を知ることで「眉毛がキレイ」「その眉毛が羨ましい」とまで言われるようになりました。

太くて濃い眉毛は立体的でハッキリとしたお顔に見せやすいのです。

シェーディングを上手に入れられるようになれば、丸顔もただ太って見えるのではなく、優しくて柔らかな印象をつくることに一役買ってくれます。

メイクは難しいものではありません！

「可愛くなりたい」「変わりたい」この本を手に取った今のその気持ちがあれば、必ずあなたの心強い味方になってくれます。

〝コンプレックスはメイクによって輝く〟

私は多くの女性にそのことを知って欲しいのです。

メイクは自分を好きになるステップ

魅力的な人ほど、外見に自信がにじみ出ているように感じませんか？

私は普段から街で見かける女性の表情や歩き方、しぐさに注目しています。「素敵だな」と思う女性はそれらから繊細で堂々とした魅力が溢れているように思います。

メイクはあなたを外見だけではなく、内面からもより美しく変えてくれます。

スッピンで自信なさげに私の所を訪れた生徒さんも、帰る時は背筋をスッと伸ばして、凛とした表情で帰っていきます。そのあと「街で男性に声をかけられた」「お店で今までとは違ったとても親切な対応をされた」などの報告をいただくこともあります。

見た目がキレイになることで自信がつき、表情や気持ちが自然と変わる。
するとそんな自分を好きになる。
自分を好きになることで、さらにキレイになり自信も湧いてくる。

たとえば、ダイエットが上手くいくと見た目の変化につれて、新しいファッションにチャレンジしたくなったり、今までより積極的に人に会おうと思うなど、自信がついてポジティブな気持ちになりますよね？

いつもより眉が上手に描けた、まつ毛をキレイに上げることができた、どんな小さなことでも良いのです！

メイクを通して自分に少し、自信を持ちましょう。上達すればもっと好きなところが増え、どんどん自信が湧いてきます。

もっと自分を好きになれるように、楽しみながらメイクを覚えていきましょう。

一番好きなところを一番輝かせる

レッスンをはじめる前に、みなさんに必ずしていただきたいことがあります。

鏡に向かい、自分のお顔の嫌いなところではなく、好きなところ、好きになれそうなパーツを見つけることです。

・肌
・骨格、フェイスライン
・頬
・目元
・眉毛
・口元

どうですか？　この中で少しでも好きだと思ったパーツがまず、あなたが最初に取り組むべきところです。

自分に自信がなく「好きなところなんて…」と思ったとしても、無理やりでも1箇所好きになれそうなところを決めましょう！

メイク上達のコツは自分の好きなところから取り組むこと。

好きなパーツは好きだからこそメイクによる少しの変化にも気づきやすく、上達を実感しやすいのです。「上手にできた！」と思えれば、メイクを頑張る過程も楽しくなってきます。

私は自分の目元が一番好きなところだったので、アイメイクをまず頑張りました。毎日寝る前に「明日は何色にしようかな？」とイメージする時間は辛くて大変なことではなく、とても楽しい時間でした。自分の好きなパーツをメイクでもっと魅力をアップさせましょう。

さらに好きなパーツを上手にメイクできるようになると、不思議と嫌いなパーツが前より気にならなくなってきます。自分の見え方が変わることで、今までコンプレックスに感じていたパーツさえ、ポジティブにメイクができる気持ちになっているはず。

まずは毎朝の忙しい時間で行うメイクの中でどこか1箇所で構いません。丁寧に愛情を込めて仕上げてあげましょう。1日たった1回でも、1ヶ月経てば、あなたは約30回練習したことになります。

「めんどくさいな、嫌だな」と思いながら行うメイクと「キレイになりたい！」と思いながら行うメイクは全くの別物です。

大切なのはあなたが毎日のメイクでどれだけ意識できるか！

1ヶ月後のあなたはきっと、メイクを思い切り楽しみ、あか抜けた印象に変わっていることでしょう。

ピアス¥2,600(サンポークリエイト〈mimi33〉)
その他／私物

メイクにセンスはいらない

メイクがキレイにできないのは「センスがないから」「私は不器用だから」そう思っていませんか？

メイクにセンスは必要ありません。

私が本格的にお化粧をはじめたのは15歳の時でした。周りの可愛い子や、雑誌のモデルさんに憧れて「可愛くなりたい！」「好きな人に振り向いてもらいたい！」というのがきっかけでした。

自己流の見よう見まねでしたが、はじめてのメイクのあとはいつもより高揚した気分で、スッピンの時より少し自信がついた自分がいました。

「キレイになりたい！」
「もっと可愛くなりたい！」

その気持ちは今も常にあります。

みなさんも「いつまでも若々しくいたい！」「こんな風になりたい！」「メイクがうまくなりたい！」そう思ってメイクを続ければ必ず上達します。

スタートはみんな一緒です！


メイクは基本を覚えることがなにより重要です。自己流だと失敗の原因がわかりません。

①使う量
②使い方

このポイントをおさえるだけで、メイクは誰でも簡単に、美しく仕上げることができるのです。

アレンジは基本をマスターしたあとに楽しみましょう。まずは、背伸びせず、基本を身につけることからはじめましょう。

好きな色を
味方につける

あなたが変わるきっかけの第一歩は「色」です。


「どんな色が似合うかわからない」

「流行の色を使ってみたいけど、私には似合わない気がして挑戦できない」

そんな時は、あなたが一番「好きな色」「ときめく色」を選んでください。

目立たぬ当たり障りのない無難な色ばかり選んでいては、いつものあなたから抜け出せません。


メイクでは「ときめきを大切にすること」これがとっても大切です。

私自身も、コスメを購入する時は似合うかどうかより、まず「好き」や「ときめき」を大切にしています。

確かに流行りのパーソナルカラー診断などを用いれば、論理的に自分に似合うカラーを知ることができます。ですが、理屈より「この色が好き！」という気持ちを大切にしましょう。

ときめく色に出会った時、

「すごくキレイ、可愛い！」

「憧れていたカラー！ つけてみたいな！」

「見ているだけでなんだか幸せ！」


そんなポジティブな気持ちになりますよね。その気持ちが新しいあなたへと導いてくれるのです。

女性はいくつになっても美しくあることを諦めず、メイクを楽しむ気持ちがあれば必ず変われます。


「似合うはずがない」

「派手かも」

「服に合わないかな」

「周りになんて言われるかな」

そう思って結局同じメイクやコスメばかりで、チャレンジできないという方。今こそ重い腰を上げて、あなたがつけたいと思った色を手に取りましょう。

まずはリップでときめく色を取り入れることがおすすめです。一番チャレンジしやすく、効果も得やすいパーツは実は唇なのです。

好きな色を手に取り、身につけることは、あなたにより自信と美しさを与えてくれるでしょう。

口元が荒れやすい、という方は色つきのリップクリームでも大丈夫です。

まずはリップから最初の一歩を踏み出しましょう。

Column

1 わたしの想い

私の中学時代の同級生であり、当時ブロガーとして活躍していた宮森勇人くんから「記事に協力して欲しい」と依頼を受けたのがすべてのはじまりでした。
スッピンをさらけ出すことはさすがに勇気がいることでした。

「どんな反応をされるだろう？」
「なにか悪口を言われたりしないかな？」

読んだ人がどんな反応をするのか不安でいっぱいでしたが、嫌なことを言われるのではなく、**そこにはすごい数の「共感」の声がありました。**当時美容部員として働いていた職場に会いに来てくださる方もたくさんいらっしゃいました。

「メイクを教えてください」
「眉毛の描き方に悩んでます」
「TOMOMIさんみたいなメイクをしたいです」

そんな声に後押しされて、独立し、現在はメイク教室やSNS、オンラインサロンを通して情報を発信しています。

私はメイクに携わる仕事をして今年で12年になります。
私自身、あと60年はコスメに囲まれて生きていたいと思っています。
いくつになっても女性は美しくあることを諦めず、メイクを楽しむべきだと思っています。

1人でも多くのメイク初心者の方、メイクに抵抗がある方、「私なんて…」と諦めている女性の力になることが私の目標です。

STEP 2

大人の美肌は
薄づきだけでは
生まれない

大人の肌悩みは下地1本ではカバーしきれない

では最初のステップ、お肌づくりからメイクをはじめていきましょう。

あなたにとって理想の肌とはどんなお肌でしょうか？ **私は、むきたてのゆで卵のようなツルンとしたお肌が理想だと思っています。**

透き通ったお肌の女性はイキイキと幸せそうです。そんな女性の笑顔は輝いて見えますね。

しかし、年齢を重ねるにつれて、お肌にはいろんな「問題」が出てきます。

①毛穴
②色ムラ（赤み、くすみ）
③テカリ

そしてそれらを補ってくれるのが「下地」です。

下地はあなたのお肌を補正し、次に重ねるファンデーションの仕上がりをアップしてくれる欠かせないアイテムです。あなたに合った下地を使いましょう。


下地1本で肌悩み全てをカバーすることはできません。気になる悩みに合わせて複数使用することが必要です。

たとえば、お顔全体に赤みなどの色ムラを補整するコントロールカラーをパール粒くらいの量を塗る、さらに頬や小鼻に毛穴や凹凸をなめらかにする下地を少し重ねる、といった感じで使います。


塗り方の基本は「中から外へ」。

これは次に重ねるファンデーションも同じです。お顔の中央から外側へクレープ生地を伸ばすように薄く均一に伸ばし、なじませます。

この時、手ではなくブラシを使用すると、手も汚れることなく簡単にキレイなベースが完成します。

メイクの完成度は土台となるベースメイクの仕上がりに大きく左右されます。最初の土台がしっかりつくられていなければ、その上に建物が建たないのと同じ。大人の美しさはここからもうはじまっているのです。

【毛穴】

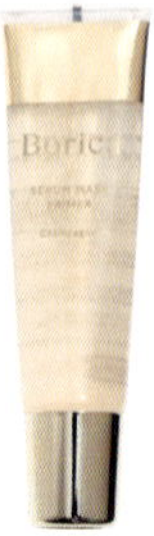

Borica 美容液マスクプライマー／T-Garden

【テカリ】

ソフィーナ プリマヴィスタ 皮脂くずれ防止化粧下地／花王

【色ムラ】

エクセル グロウルミナイザーUV 右からGL02 ベージュグロウ・GL03 ブルーグロウ・GL01 ピンクグロウ／ノエビア

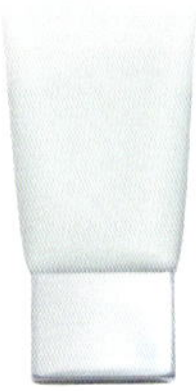

RMK ベーシックコントロールカラー N 03 グリーン／エキップ

ファンデーションはなりたい肌より肌タイプに合わせる

大人の女性に相応しい、潤いに満ちた均一な肌。それを叶えてくれるのがリキッドファンデーションです。

ファンデーションは、なりたい肌より、肌タイプに合うファンデーションを選びましょう！

乾燥肌と混合肌の人はツヤタイプ、オイリー肌の人はマットタイプを選びます。自分の肌タイプに合わせて選べば、乾燥肌の人ならカサカサの肌にツヤが、オイリー肌の人ならテカリをおさえ、崩れにくくなるなど、**見た目の美しさと同時に機能的にもメリットがあります。**混合肌の人は部分的なテカリを下地でコントロールすることを忘れずに。

敏感肌の人は薬用タイプのもの、アルコールや香料が入っていないものなど肌に優しいものを選んでくださいね。

①乾燥肌
カサカサしていて肌触りが悪く、突っ張りやすい
②オイリー肌
全体的にベタベタしていてテカリが目立ち、化粧崩れしやすい
③混合肌
カサカサする部分とベタベタする部分があり、Tゾーンが特に油浮きする
④敏感肌
アトピーの方など化粧品を使うと赤みが出て荒れやすい
普段は問題のない肌質でも生理前やアレルギー症状が出ている時のお肌

ついキレイな女優さんが宣伝しているものや、人気ブランドのものを手に取りがちですが、**自分に合うファンデーションを選べばテクニックいらずで美肌を叶えることができるのです。**

【敏感肌タイプ】

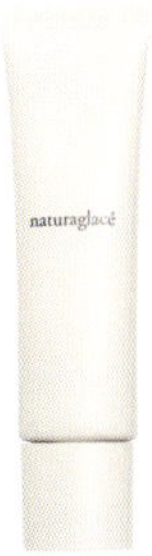

ナチュラグラッセ メイクアップ クリーム N01シャンパンベージュ／ネイチャーズウェイ

【マットタイプ】

ランコム タンイドル ウルトラウエア リキッドBO-01／日本ロレアル

【ツヤタイプ】

ルナソル グロウイングウォータリーオイルリクイド 02ナチュラル／カネボウ化粧品

肌よりワントーン
明るい色を選ぶ

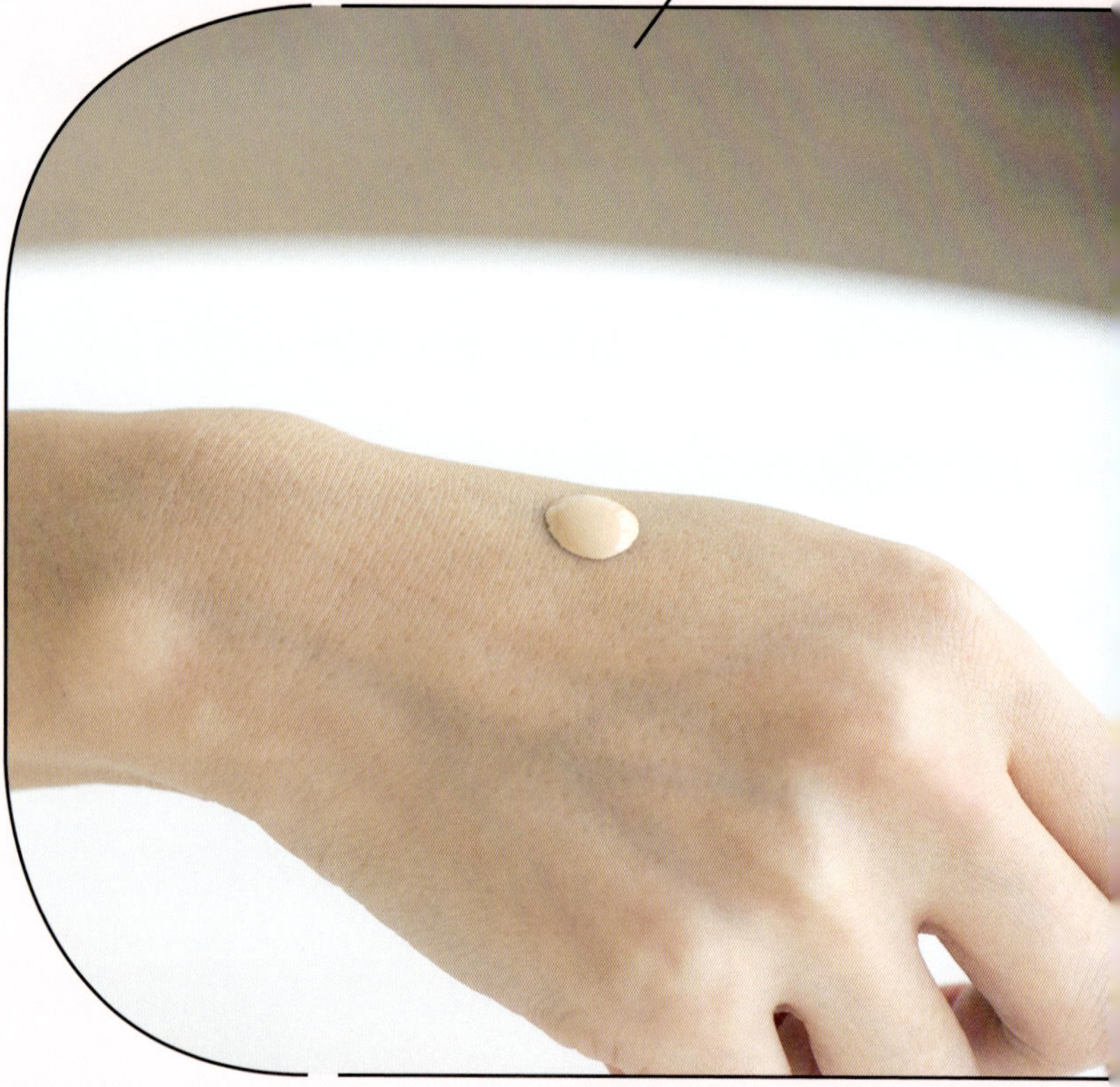

ファンデーションの色選びってすごく迷いますよね。
自分では上手く選べない、よく分からない、という方も多いです。

ファンデーションは肌よりワントーン明るい色を選びましょう。

そう言われると「え？ そうなの？」と意外に思う方もいらっしゃるでしょう。
ファンデーションは一日中つけていると皮脂や汗で酸化してくすんでいきます。そうなるとファンデーションの色味もつけたての状態から暗く沈みがちです。もしかしてあなたが夕方、疲れた印象になっているのはそのせいかもしれません。
夜までキレイをキープするためには、お肌より少し明るい色を選ぶことがコツなのです！

ファンデの色が決まるだけで、印象がより若々しくフレッシュになるでしょう。

色合わせは耳からアゴにかけてのフェイスラインで行います。**この場所で確認することで白浮きを防ぎ、首との境目も自然に仕上げることができます。**
まず、ファンデーションをフェイスラインにつけたら、手鏡なら腕を一番伸ばしたくらいの少し遠目からチェックをしましょう。

どちら か2色で迷ったら明るい方を。覚えておいてくださいね。

つける量が
仕上がりを
左右する

ファンデーションをただ塗ればキレイになれるわけではありません。素肌感がありながら、トラブルや色ムラのないお肌が理想のパーフェクトスキン。それを叶えるために一番気をつけて欲しいポイントは「使う量」です。**量を間違えると、厚塗りや崩れの原因になり、どこか老けた印象にすらなってしまいます。**チューブタイプならパール粒くらい、ポンプタイプなら半プッシュ～1プッシュを目安に使用していきます。

まず、ファンデーションをお顔の高い位置、両頬、アゴ、お鼻、おでこの5箇所にのせます。**頬にだけ少し多めにのせ、お鼻とアゴにはちょんとのせる程度でＯＫです。**特にお鼻周りは厚くしてしまうと、仕上がりが重たく厚塗りに見えてしまうので注意してくださいね。

塗り方にもコツがあります。ブラシの動かし方に注意しましょう。
塗る時は、**ブラシで頬から猫のヒゲを描くように半顔ずつ伸ばしていきます。**こうすることで自然とフェイスラインが薄くなり、立体的に仕上げることができます。目の周りはブラシに残ったファンデーションでさっとなでるように塗る程度でOK。目の周りは皮膚が薄いので、厚くしないことがポイントです。

次にアゴ、おでこ、お鼻の順で塗っていきます。お鼻は毛穴を埋めるように上下にブラシを動かします。おでこは中心から外側に向かって、放射線状に動かします。

いくら高級で質の良いファンデーションを使っても、量と塗り方を間違えれば、それだけで、あなたのお顔を一気にのっぺり老け顔に見せてしまうのです。

顔の高い位置5箇所にのせる

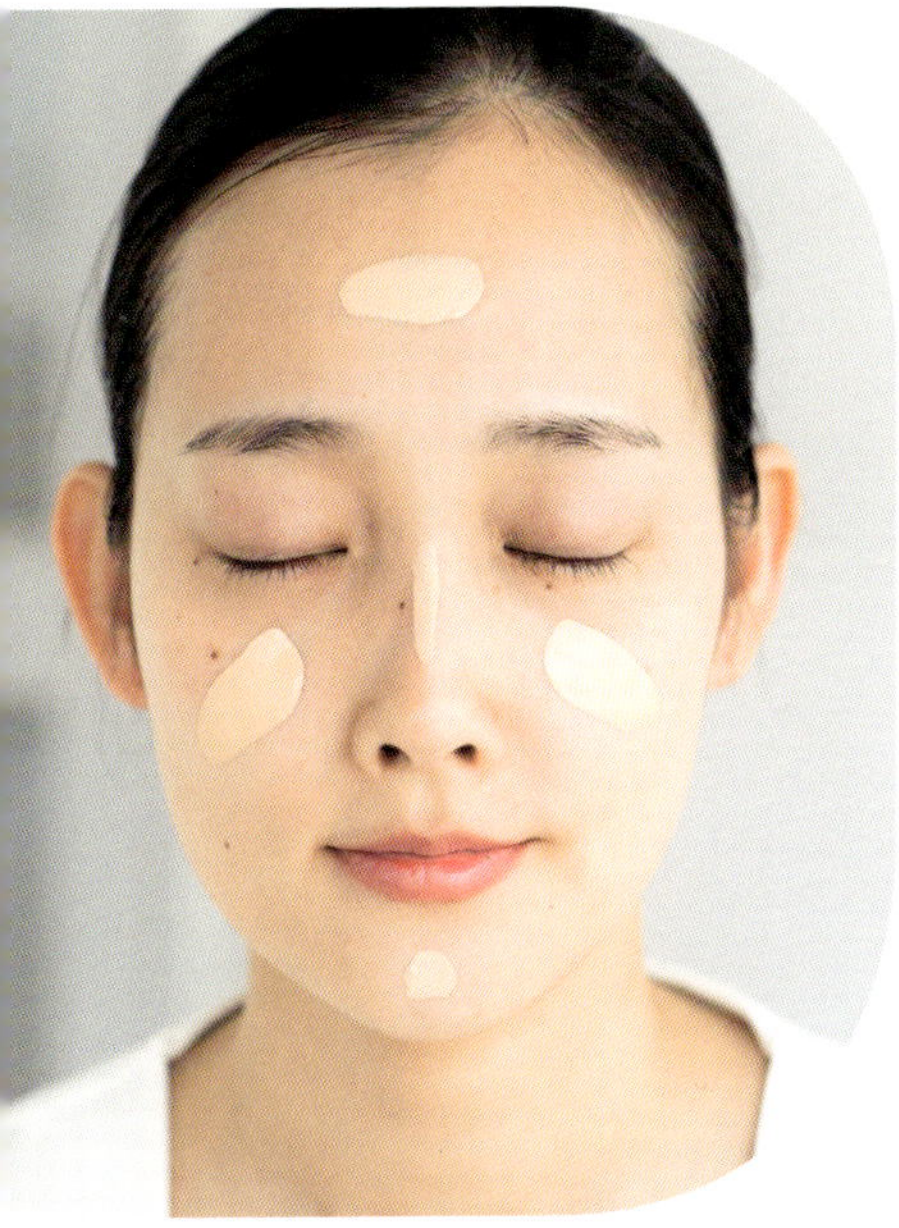

カットソー¥5,800(ユニバーサルランゲージ 渋谷店〈ユニバーサルランゲージ〉)

ブラシ使いで肌に魔法をかける

ファンデーションはブラシを使って塗ることを私はおすすめしています。**なぜなら、初心者さんでも手早くにキレイにファンデーションを塗ることができるからです。**

リキッドファンデーションは通常、手やスポンジで塗るという方が多く、生徒さんの多くもレッスンではじめてブラシを使います。

最初は戸惑う方もいらっしゃいますが、一度経験してみると「もっと早く知りたかった」「ブラシでつけるのが楽しくてメイクしたくなる」「キレイに仕上げられるようになった」という声が多いのです。

ファンデーションを塗るブラシには様々なタイプがありますが、大きめの平筆が使いやすいでしょう。

ブラシを大きくスライドさせながら使うことで、ファンデーションを薄く均一に伸ばすことができ、透明感のある肌に仕上がります。また、ブラシの「面」を使ってスポンジを使う時のようにパッティングすれば、ファンデーションをキレイに肌になじませることもできます。

人は正面よりも横や斜めからのお顔を多く見ています。真っ正面に立たない限りは正面からのお顔をチェックすることはできません。いろんな角度からチェックしながらムラがないように丁寧に塗っていきましょう。

ファンデーションブラシ（メイクブラシ 6本セット A0613J）／DUcare

ファンデで隠せない お肌の魔物には コンシーラー

大人になれば年々気になる肌悩みが増えてきます。ファンデーションだけではどうにもならない、クマやシミ、そばかす、ニキビ跡といったお肌の魔物はどう対処すればいいのでしょうか。

そんな時はコンシーラーの出番！ 難易度が高く思われがちなコンシーラーですが、**ピンポイントで気になる部分に使ってあげると、ファンデーションの薄づきをキープしながら簡単にカバーすることができます。**

①肌色よりオレンジ色が強いコンシーラー
シミやクマなどの茶色、青色のくすみ
②肌色より黄色が強いコンシーラー
ニキビ跡などの赤みがある肌悩み

使用する時は使う順番に気をつけます。**リキッドファンデーションを塗ったあとにコンシーラーを重ねてください。**

まず気になる部分にちょんとのせて、そのあと周りを指でポンポンとなじませます。一気にたくさんのせてしまうと表面がボコボコとなじまず崩れやすくなってしまうので、様子を見ながら足していきましょう。

使いやすいのは1色ではなく、何色か入っているパレットタイプのコンシーラーです。お肌の色やカバーしたいスポットの色味に合うように混ぜて使います。お肌の魔物にはコンシーラー！ ほら、また一歩、理想のあなたに近づきましたね。

STEP UP

パウダーファンデーションを使用する場合は、ファンデーションの前にコンシーラーを使いましょう。

イプサ クリエイティブコンシーラー e ／イプサ

パウダーで
美肌を
1日キープする

使うパウダーによって肌の見え方が変わる

私は基本的に朝にメイクをしたあとは、一度も化粧直しをしません。**そんな夜まで崩れ知らずの最強のお肌をつくる決め手が、フェイスパウダーです。**リキッドファンデーションを塗ったあとは必ずフェイスパウダーを重ねましょう。まずはムラになりにくい、キメ細やかなパウダー状のルースタイプを1つ揃えてください。

使い方はブラシにしっかりとパウダーを含ませたあと、軽く手の甲でなじませるように余分な粉を落とします。面積の広い頬からポンポンとブラシを置いたら、お顔になじませるように大きくスライドさせていきます。崩れやすいTゾーンはもちろん、目の周り、忘れがちなフェイスラインにもしっかり重ねましょう。

フェイスパウダーはメイク崩れを防ぐだけでなく、選ぶタイプによって肌の見え方もコントロールしてくれます。ツヤが出るタイプならほのかなツヤ、輝きが美しい肌に。マットなタイプならより崩れに強く、サラサラとした陶器のような肌に仕上げてくれます。

他にも、休日などメイクをお休みしたい時や素肌をいかしたナチュラルメイクにしたい時はスキンケアや下地を塗ったあと、ファンデーションをスキップしてフェイスパウダーだけつけることもアリです！ 急に人に会っても、ルースパウダーの光のベールがお肌をナチュラルにキレイに見せてくれるので安心です。

また、**どうしてもお化粧直しが必要になった時もファンデーションを重ねるよりフェイスパウダーを使った方が、崩れにくく、自然な仕上がりになります。**

【ツヤタイプ】

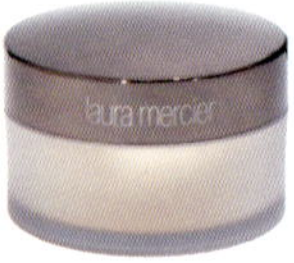

ローラ メルシエ トランスルーセント ルース セッティング パウダー グロウ／資生堂ジャパン

【マットタイプ】

シャネル プードゥル ユニヴェルセル リーブル #10ランピッド／シャネル

キレイを続けるために
時には時短を選ぶ

ちょっと疲れが溜まってうっかり寝坊…、気づいた時には「あ！　準備する時間がない！」なんてことありますよね。また、今日はどうしてもメイクを頑張る気になれない、そんな日もあると思います。

時間がない時や頑張れない時に無理にいつも通りにメイクをしようとしても、雑になるばかりでキレイには仕上がりません。それどころかメイクをすることがプレッシャーになり、嫌になってしまうことも。

そんな時はクッションファンデーションを使って、時間と手間をスキップしましょう。

クッションファンデーションとはスポンジに液状のファンデーションを染み込ませたもの。下地効果をプラスしたものが主流なので、**スキンケアのあとにそのままお肌にのせてＯＫなのが嬉しいアイテムです。**

ミシャ M クッションファンデーション（モイスチャー）No. 21／ミシャジャパン

使い方は付属のスポンジを使います。片側のお顔でスポンジに半分の量が目安です。スタンプを押すようにポンポンと頬から塗っていきます。塗る順番はリキッドファンデーションと同じです。

ファンデーションを塗り終えたら、仕上げにフェイスパウダーを重ねます。クッションファンデーションは、リキッドファンデーションと同じく水分量が多いので、フェイスパウダーがマスト！ **メイクは端から崩れやすいのでフェイスラインまでしっかりと重ねてくださいね。**

キレイを続けるために、たまには少しお休みすることも大切。また明日から一緒に頑張りましょう！

Column

2

コスメよりも
ツールが大事！

すでにここまで読んで、よく登場すると気づいたかもしれません。

私はメイク上手への近道はブラシを上手に使いこなすことだと思っています。

ブラシを上手に使えるようになると、メイクの時間が短くなる、肌の凹凸がなめらかになり粉の密着度がアップ、色持ちも長くなるなどいいことばかりです。

高価なイメージが強いブラシですが、高級な天然毛ではなく、合成毛のブラシで充分です。

技術の発展と共に、手頃な値段の合成毛でも質の良いブラシが今はたくさんあります。まずは何本かセットになっているものを買うといいでしょう。

ブラシを使ってメイクをすれば、今まで上手くできなかったシャドウのグラデーションが簡単にできるようになったり、ベースメイクにツヤが出たり、チークをふんわりのせることができたり、仕上がりが格段に良くなりますよ。

STEP 3

あか抜け顔は簡単に手に入る

ピアス¥1,800(サンポークリエイト〈アネモネ〉)
その他／私物

お顔のお肉は宝物

丸いかたちのお顔やお顔のお肉を気にしている人は多いと思います。

しかし、年齢を重ねるにつれてお肉は自然と落ちてくるものです。気づけば頬骨の下がくぼんで影になっていたり…。**そうなると、実年齢以上に疲れた感じや老けた印象に見えてしまうことがあります。**


そうです。お顔のお肉は宝物。

気になるならば、シェーディングを入れればいいだけ。お顔に立体感が出てキュッと引き締まった印象になります。

まぁるいふっくらとしたお顔は若々しさだけでなく、優しい女性らしい印象にも見えます。


大人の女性にとってハリがあって、健康的に見えるお顔のお肉はむしろ大切なものなのです。

シェーディングは簡単

シェーディングほど簡単にあか抜けるメイク行程はありません。

生徒さんからも「なんだか難しそう」「どうやってやるんだろう」「どんな色を選んだらいいの」と言う声が上がりますが、知らないあなたは少し損をしているかもしれません。

シェーディングをすることで、お顔に影を作り、小顔に見せるだけでなく、**のっぺり顔から立体感のあるメイク映えするお顔に変身できるのです。**

①頬骨の下
②フェイスライン

この2箇所にシェーディングパウダーを入れるだけで

一気に洗練されたお顔になります。

私は自分のコンプレックスだった丸顔をいかすためにシェーディングはさまざまな方法を試してきました。みなさんには一番効果的な方法をお伝えします！

①頬骨の下

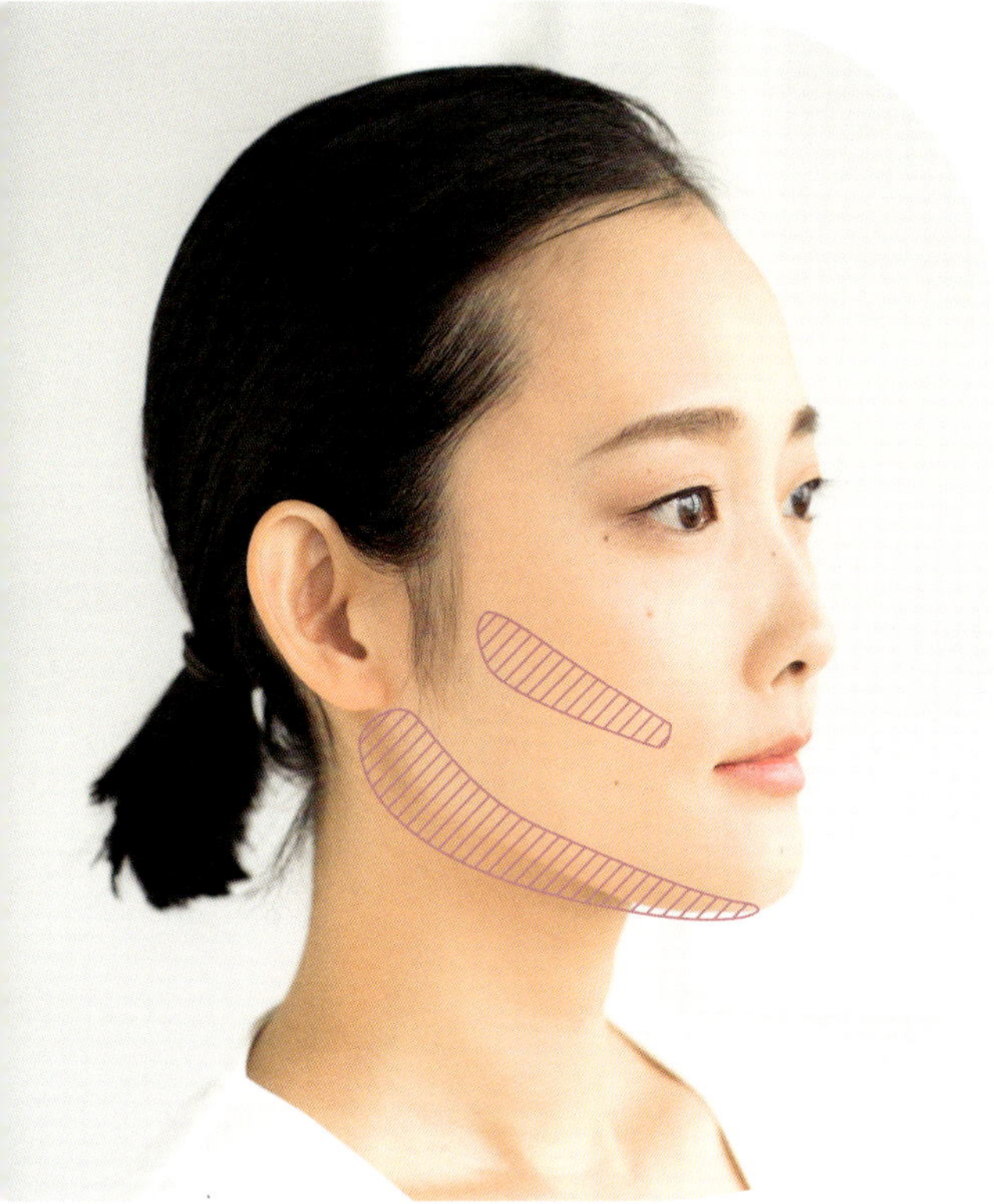

頬骨の下とフェイスラインの2箇所に入れる

1箇所目は頬骨の下です。使うブラシはフェイスブラシ、あればシェーディング用のブラシを使います。

ブラシでパウダーをトントンと軽く取り、手の甲で粉をなじませたら、フェイスブラシを使う場合は写真のようにブラシの根元を少し潰します。

根元を指で押すように持つ

こうすることでブラシの毛が密集し、粉が広がりすぎずポイントでしっかり色を置くことができます。

耳穴の横にブラシをしっかり密着させ、ここから頬骨の下をス〜ッと通るように黒目の外側あたりに向かって力を抜きながらブラシを滑《すべ》らせ、肌から離します。続けて頬骨に引っ掛けるように下から上へとブラシを滑らせながら先ほど入れたシャドウをぼかします。

耳穴の横からスタート

シェーディングは必ず片側ひと滑りで入れ、往復させません。それ以上は色を足さないようにしてください。ほんのり色づくかどうかくらいで良いのです。

頬骨がこけて見える方は無理に入れる必要はありません。さらに影をつけるとかえって老けて見えたり、不健康な印象を与えてしまいます。

②フェイスライン

2箇所目はフェイスラインです。

①と同じようにブラシに粉を取ったら、今度は耳たぶの後ろにあるくぼみにブラシを当てます。フェイスラインを通りアゴ下までブラシを滑らせ、ス～ッと力を抜いて離します。アゴ下を通ることで、顔がスッキリした印象になります。

最後に、頬骨の下に入れた時と同様にフェイスラインの骨に引っ掛けるように下から上へとぼかします。こちらもこれ以上色を足すのは厳禁です。

メリハリフェイスがあか抜けるカギ！慣れれば1分もかかりません。ぜひ挑戦してください。

POINT

シェーディングパウダーを選ぶ時は、肌よりも暗めの色を選びましょう。肌色より2トーン暗めを目安に選ぶと、さりげなく、こなれた印象に仕上がります。もし、どちらか2色で迷ったら明るい方を選んでください。

アディクション コントゥアリング
アディクション 02ウォームトリニティ／コーセー

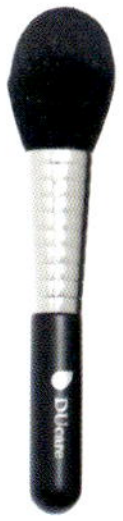

パウダーブラシ（メイクブラシ6本セット A0613J）／DUcare

耳たぶの後ろからはじめる

最強のチークは「コーラルピンク」

いつまでも若々しくキレイでいたい…。女性の永遠のテーマですね。

チークはメイクの中でも若見え効果抜群! 頬に視線を集めることで、小じわやくすみが目立たなくなります。そして、チークにはどんな色にも合わせやすい最強の色があります。

それは「コーラルピンク」です。

私は、昔からピンクがすごく好きでした。美しくなるために必要なカラーだと思っていて、青みのあるピンクから赤みが強いピンク、鮮やかなものからベージュに近いピンクといろんなものを使ってきました。

ピンクは女性らしさ、可愛らしさ、そして肌の色を明るく見せてくれる色。

しかし、年齢と共に肌の色がくすむにつれて今まで似合っていたピンクが似合わなくなってしまう場合があります。

どんな人でもどんなメイクにも合わせやすい色はないか…。そこで見つけたのが「コーラルピンク」でした。コーラルピンクは、ピンクにオレンジが混ざった色。**どんな肌色にも自然になじみ、メイクの引き立て役を担ってくれます。**

お顔の面積の中で一番広いのは頬です。効果的に入れられるように練習していきましょう。

アディクション ザ ブラッシュ 019エモーショナル／コーセー

M・A・C ミネラライズ ブラッシュ デインティ／ELCジャパン

若々しさは
チークでつくる

大人の女性にとってチークはファンデーションと同じベースメイク、理想のお顔をつくる上で欠かすことのできないものだと考えています。

①お顔の血色と立体感がUP
②小じわやくすみを払い、健康的な印象に
③お顔のパーツを引き締める小顔効果

また、ピンクの頬は赤ちゃんや若い女性を想起させる色。**外見はもちろん、気持ちからあなたを若々しく変えてくれるはず！**

チークは入れる場所がポイントです。最初にその場所をしっかり確認しましょう。黒目の内側から縦に下ろしたラインと小鼻の下から横に伸ばしたラインが交差する点がスタート地点。**ちょうど「にこっ」と笑って頬がふっくら高くなる位置がそれに当たります。**そこから頬骨に沿って外側に向かってふわっと入れます。入れるかたちはチェックマーク（✓）をイメージしてください。スタート地点より内側は進入禁止

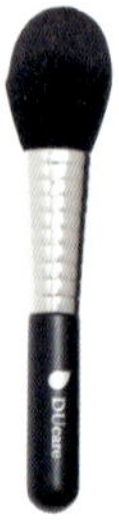

パウダーブラシ（メイクブラシ6本セットA0613J）／DUcare

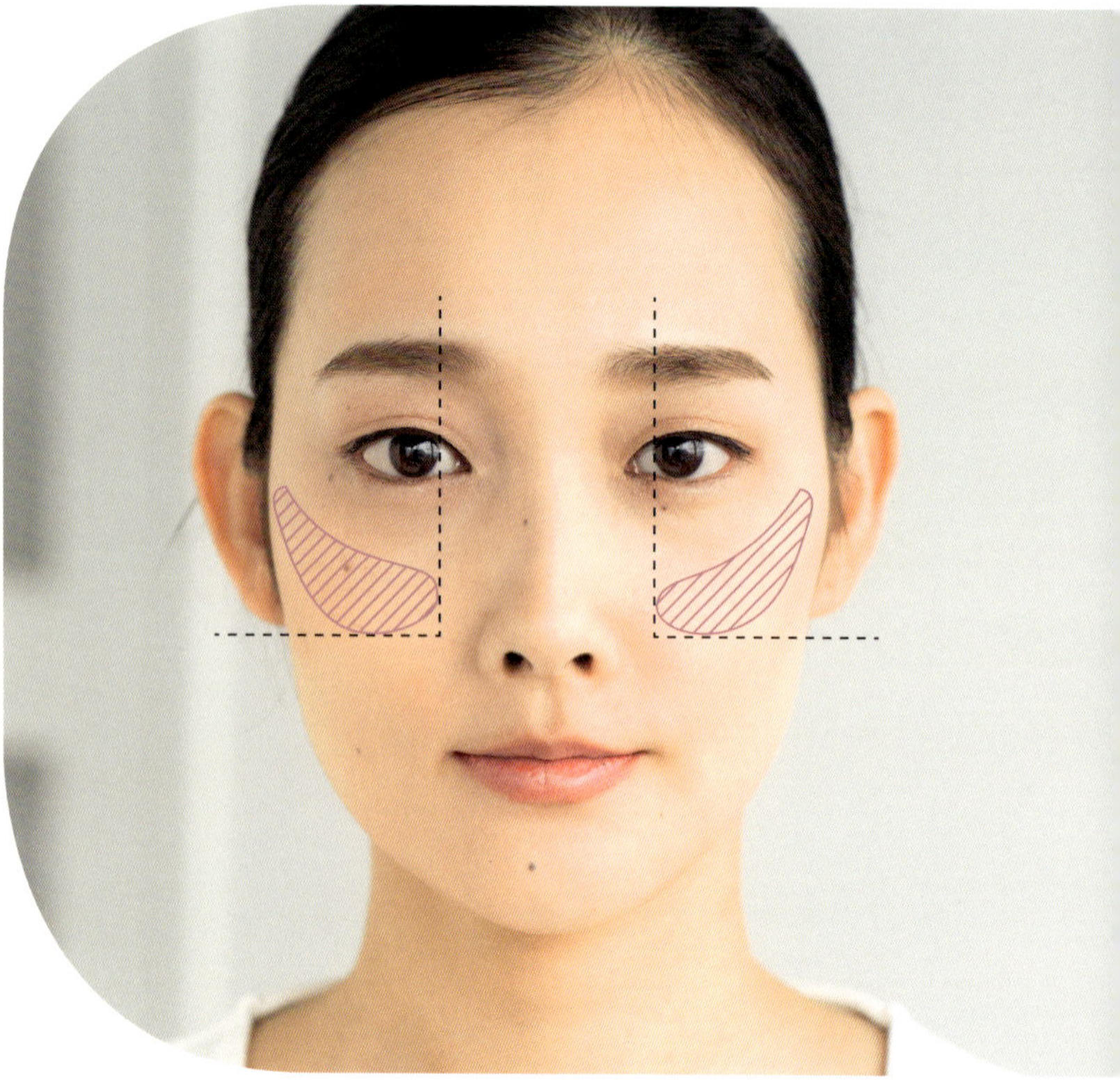

チークは入れる場所が重要

エリアです。

色をのせる時はまずブラシにチークをトントンと軽く取り、手の甲で一度さっと粉を落とします。少しずつ肌に乗せながらブラシでタッピングするように調整していきます。

理想の濃さは湯上りのようなじんわりとした自然な血色。スタート地点が一番濃くなるように入れるのがナチュラルな愛され顔をつくるコツです。

ほんのちょっと場所が違うだけでお顔が大きく見えたり、お顔を逆にのっぺり見せてしまうこともあります。いろんな角度から見ながら仕上がりをチェックしてみましょう。

STEP UP

より小顔に見せたいなら、チークを耳穴から指1本分の間を開けた位置から、スタート地点に向かって外側から入れます。

逆にふっくら見せたい時は、スタート地点から横に広い楕円を描くように色をのせていきます。

輝きと色気を放つ ハイライト

シェーディングとチークを入れ終えたら、最後にハイライトを入れてベースメイクの完成です！

①Tゾーン
②Cゾーン
③アゴ先

この3箇所に入れることで、肌に立体感と透明感を与え、次からのポイントメイクが一層輝く大人の美肌が完成します。

いずれの箇所もほんのり輝く程度に、薄くつけることを意識してください。ギラギラするほど濃く入れると品のない印象になってしまいます。

①Tゾーン

額に入れることで額を高く見せ、骨格の美しさを強調し、顔全体を立体的に見せてくれます。

鼻筋に入れると、鼻がスッと高く長く見えます。横に広くならないよう、細く入れることを意識してくださいね。

②Cゾーン

眉下から目尻を囲むCゾーンは頬を高く華やかに見せるだけでなく、**目元のリフトアップ効果で、目元の若々しさを演出してくれます。**また、斜め横から見ても高さが出ることでどの角度からもキレイな印象に。

③アゴ先

アゴ先のハイライトは、アゴをシャープに見せ、**さらに半月状に入れることでフェイスラインを美しく見せてくれます。**

もっと立体感が欲しい方は唇の山のラインにちょこんとハイライトを置くことで、口元もふっくら立体的に。魅力がアップしますよ！

さあ、これでベースが完成です。鏡にうつるあなたは、いつもと別人のように自信に満ちていることでしょう。

アディクション コントゥアリング アディクション02ウォームトリニティ／コーセー

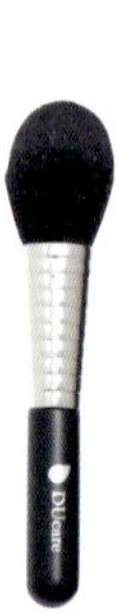

パウダーブラシ（メイクブラシ6本セット A0613J）／DUcare

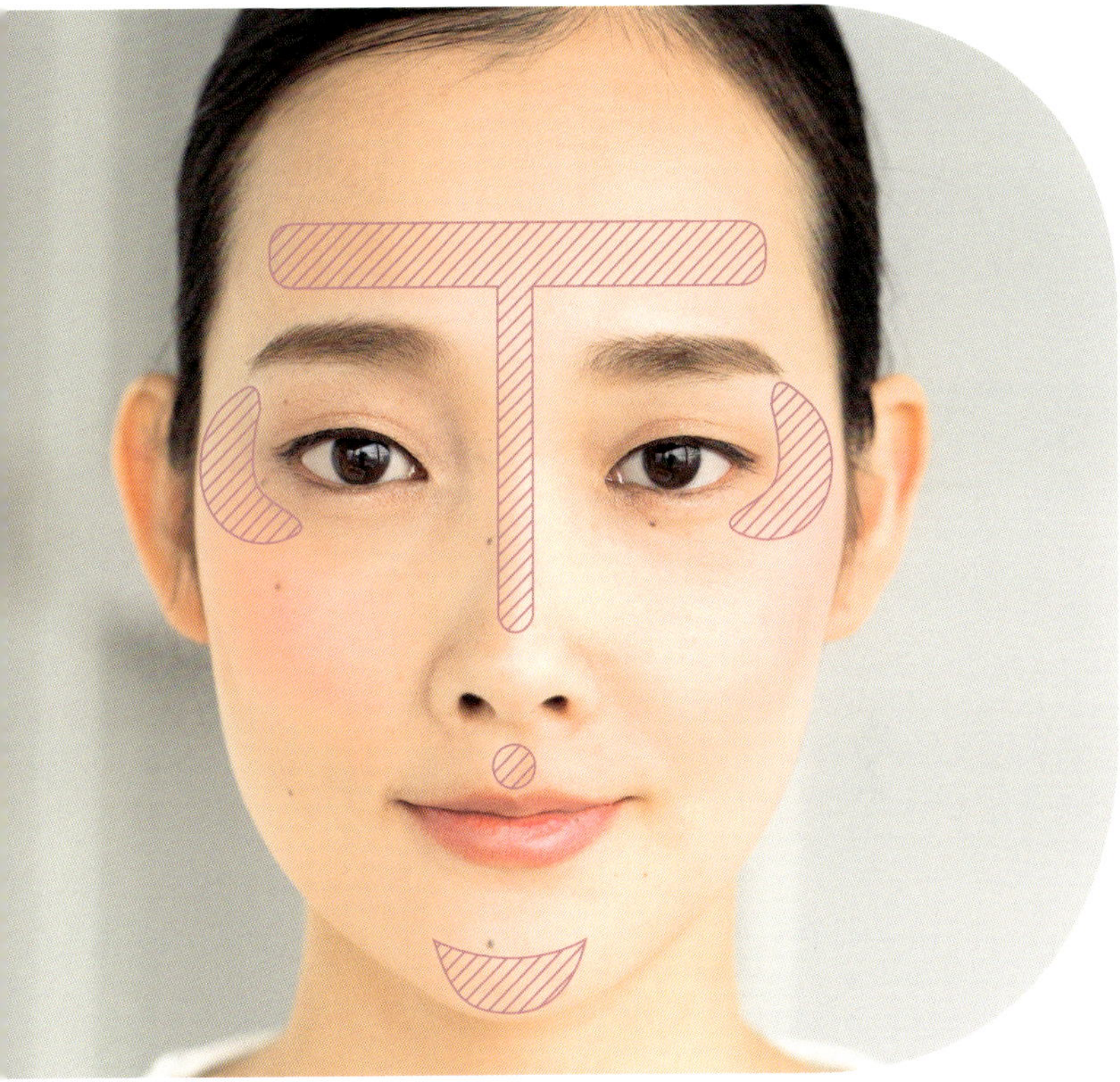

ハイライトでお顔に美しい輝きを

Column

3 「メイクで変われた！」喜びの声

①H.Kさん（50代）クリエイター

メイクが楽しくなりレッスンに何度も通いました。

今では友達から整形疑惑が出るほど、劇的にメイクが上達しました。人生100年時代、残りの人生を今までと同じマンネリ化した自己流メイクをして生きるか、毎日を女優のように美しい自分に大変身して生きるかでは人生の質が違ってきます。

メイクを丁寧にすることは、自分を大切に愛することにも繋がるのだと思いました。

②N.Oさん（40代）ミセスコンテスト世界大会日本代表

TOMOMIさんのレッスンは、自分が今まで知らなかったことも多く、レッスンを受けながらメイクの奥深さも感じました。

眉毛が一番難しくて、苦戦していましたが、コツを教えていただき何回か練習するうちにキレイに仕上がるようになりました。周りから**「どんどんキレイになってるね」「美人になり過ぎるとご主人が心配しちゃうんじゃない？」とまで言われるほどになりました（笑）**。

私の世界大会のステージメイクは、TOMOMIさんから教わったことの全てです。世界で一番大きな大会で、トップ30に入賞できたのは、間違いなくTOMOMIさんの色使いのセンスとメイクテクニックの伝授にあると思っています。心から感謝しております！

③M.Fさん（30代）会社員

自分の顔は一重で、メイクしても変わらないから、余計なことはしなくても良いって思ってました。自分の顔を鏡で見るのも嫌いでした。

でも、TOMOMI先生のメイク前とメイク後の写真が載ったブログを読んで「こんな風に変わりたい！」って思いました。

　思い切ってレッスンを受けてみたら、その後メイクを、褒められたりする機会がありました！ **メイクして、自分の女性性が喜んでいるのを感じました**。

　やはり、自分の顔がキレイになるのは嬉しかったです。

④M.Hさん（40代）会社員
　先生は本当に惜しみ無く、情熱的に教えてくれます。自分でも、正直こんなにメイクにハマるとは思いませんでした。家で何度も練習するようになり、周りからも「可愛くなった」「メイク習った？」「すごくキレイなリップ」など反応が良いです。

　もっと上手になって、ビジュアルで売れる自分になるのが今の目標です！

⑤Y.Mさん（40代）小学校教員
　職業柄メイクには無縁な生活を送っていました。でも、50歳を目の前にして自分の顔を鏡で見て「このままでいいのか？ 変わりたい！」と思いました。

　メイクレッスンを受けたことで外見だけでなく、普段の心持ちまで変わり、新しいチャレンジをする勇気をもらえました。メイクパワーはすごい！ とても感謝しています。

⑥Y.Aさん（30代）ボディスタイリスト
　先生のレッスンを受けて自分の顔のパーツをひとつひとつ意識するようになりました。漠然とした**「キレイになりたい！ 可愛くなりたい！ 自信をつけたい!」という気持ちを、メイクで叶えてくださいました**。

STEP 4

美人をつくる
3つのパーツ

イヤリング¥1,700(サンポークリエイト〈アネモネ〉)
その他／私物

取れないシャドウの
秘密はベースにある

ベースメイクができたら、いよいよあなたのお顔の魅力を最大限にいかす、パーツメイクです。

まずはアイメイクからはじめましょう！

「ＴＯＭＯＭＩさんのアイメイクは崩れないんですか？」とよく聞かれます。私の崩れ知らずのアイシャドウの秘密は、アイシャドウベースにあります。

ベースを使用するのとしないのとでは、仕上がりに大きな差が生まれます。

①仕上がりが粉っぽくならない
②アイシャドウが少量でもピタッと密着し、発色と色持ちがＵＰ
③くすみが目立たなくなる（色つきの場合）

特に、夕方になると「アイシャドウがなくなっている」というあなた！ベースをつけると必ず改善されます。**しかも嬉しいことにプチプラコスメで充分です。**

写真のように米粒ぐらいの量を指先に出し、まぶたに置きます。**伸ばす時は中指を使うことがコツ。**中指は、安定感がありながら力が入りにくい指なので、皮膚が薄いまぶたに負担を与えることなく、均一に仕上げることができるのです。

瞬きをしても皮膚が動きにくい眉下から、目のキワに向かってジグザグに下に広げていきます。特に二重の方は二重幅からはじめると二重幅にベースが溜まり、ヨレの

出しすぎないように注意

原因になるので注意してください。

アイシャドウベースには色つきタイプと色なしタイプがありますが、色なしの方が重ねるシャドウの色を邪魔しません。**最初に買うなら色なしタイプがおすすめです。**

POINT

目元のくすみが気になる場合は、肌色に近いベージュやオレンジよりの色つきのベースを選びましょう。明るさが出て、くすみを飛ばすことができます。

キャンメイク ラスティングマルチアイベースＷＰ 01フロスティクリア／井田ラボラトリーズ

ブラウンシャドウが天然な目力をつくる

アイシャドウは、ブラウンシャドウを使いこなすことがキレイへの近道です。

まずはオレンジやピンクなど他の色が入っていないもので、明るいブラウン（ベージュ）から濃いブラウンまでグラデーションになっている4色のベーシックなパレットを選んでください。マットな質感のものよりも、上品なラメが入っている方がどんな肌色の方にも合わせやすいでしょう。

ブラウンシャドウの魅力は、使い方次第でナチュラルにも華やかにも見せることができること！　そして、**どんなリップとも喧嘩せず、目力を自然に強めてくれるのです。**

ブラウンはまぶたが重たく見えると避ける人もいますが、ブラウンシャドウは「影」の色。彫りを自然に深く見せ、あたかも生まれつき素敵な目を持っているかのように演出することができますよ。

エクセル スキニーリッチシャドウ SR01ベージュブラウン／ノエビア

ぼかしの
ひと手間が
美人への近道

ベースがキレイに塗れたら、アイシャドウを重ねていきましょう。アイシャドウがいつもよりピタッとキレイにつくことにびっくりすると思います。

アイシャドウを塗るうえで一番大切なことは、**アイシャドウを重ねたら必ず色と色の境目を「ぼかす」こと！ グラデーションは立体的で華やかな目元をつくるテクニック。**シャドウを重ねた時に境目にできる色の「線」が残ったままだとグラデーションに見えません。

ぼかすことで初心者の方でもキレイにグラデーションをつくることができます。**お顔に色をのせる時は唇以外、すべて自然に肌に溶け込むような仕上がりが理想だと覚えておいてください。**

ぼかし方は何もついていないブラシで色の境界線を2、3往復するだけ。

ぼかし上手は美人への近道、このひと手間を忘れないでください。

シーンに合わせて使い方を変えるといい女になれる

ブラウンシャドウは、使い方次第でナチュラルにも華やかにも見せることができます。

①２色使い
時短でナチュラルな目元
②４色使い
立体的で華やかな目元

グラデーションは色数が増えるほど、目元の印象は強く、華やかさが増してきます。

普段使いのメイクやリラックスモードの休日は、２色使いでナチュラルに。相手に凛とした印象を残したい時、ここぞという勝負時などは４色でしっかりメイクに仕上げるなど、シーンによって使い分けができると素敵ですね。

①2色使い

パレットの一番明るいカラーと3番目に明るいカラーを使います。

まず中指、もしくは毛足の長いふんわりしたアイシャドウブラシで明るい方の色をアイホール全体に伸ばしていきます。

目のキワから眉下の目のくぼみのある所までがアイホールです。この場所に目の丸みに合わせて半円を描くように広げていきましょう。

この時、アイシャドウを取りすぎないようにしてください。一度にたくさんのせてしまうと粉っぽくなり、ムラの原因になります。**少しずつ色をのせながら肌に対してほんのり艶めくぐらいの濃さにしていきます。**


次に濃い方の色を目のキワにチップまたは、小さなブラシを使ってのせていきます。ブラシを使うと、チップよりふんわりと色を広げることができるので、よりナチュラルな仕上がりになります。

どちらを使う場合も力を入れすぎず、**軽いタッチでトントンと置くような感じで色をのせていくのがポイントです。**

目のキワを塗る時は目頭からでも中央からでも、のせやすいところからはじめてOKです。最後に色の境目をぼかしたら完成です。

②4色使い

4色の場合も、色を重ねるたびに必ずぼかすことを忘れないでください。

まずパレットの2番目に明るいカラーをアイホール全体に伸ばします。次に3番目に明るいカラーをそれより少し内側に重ねます。一番暗いカラーを目のカーブに合わせてキワに入れ、最後に一番明るいカラーを眼球の一番高いところにポンポンと置くように重ねましょう。

POINT

どんなリップでも合うブラウンシャドウですが、リップが強い色なら目元は2色でシンプルに、優しい色なら4色使いで目力を強めてあげるとさらに「おしゃれな顔」という印象になります。

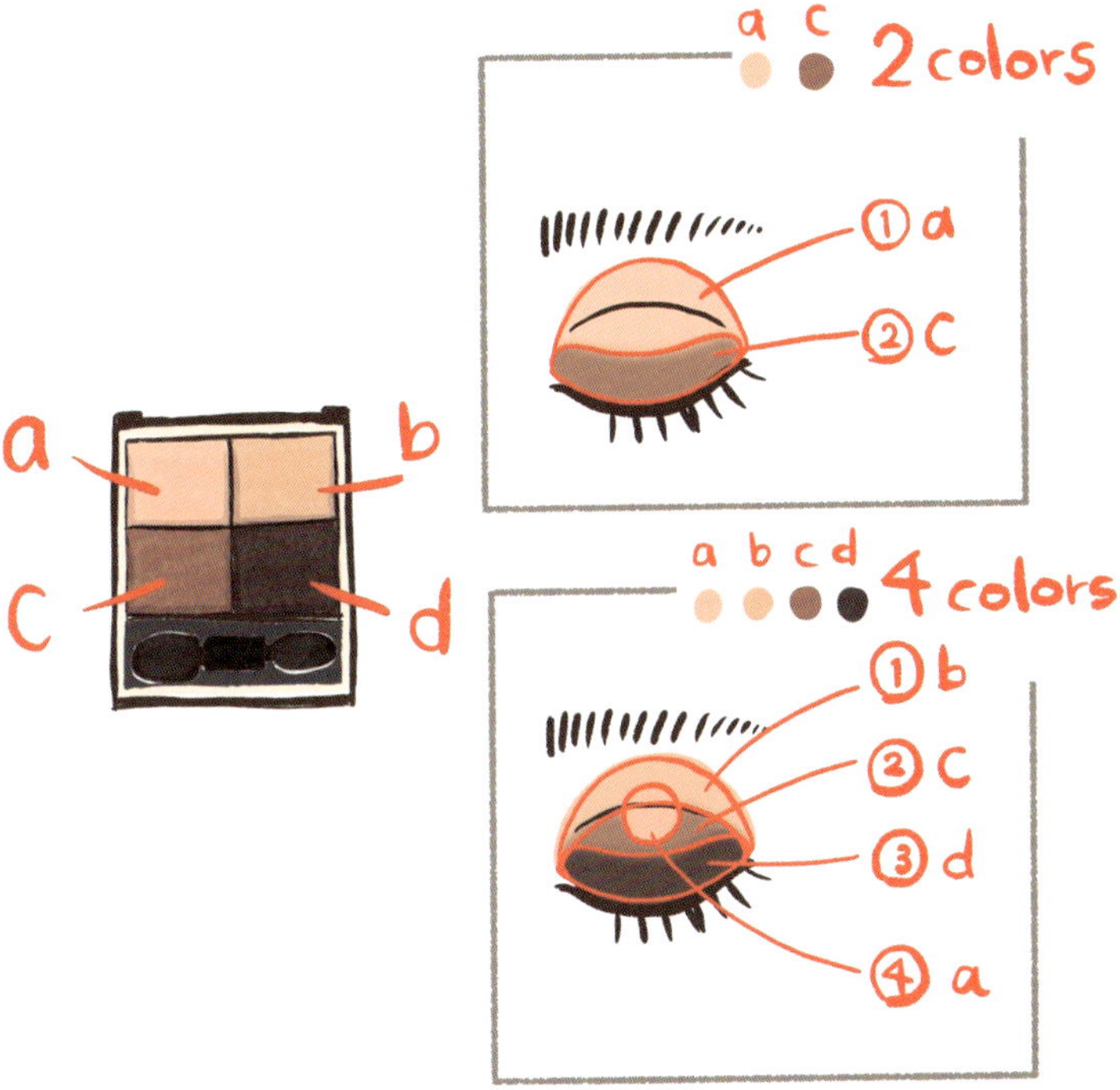

アイシャドウブラシL（メイクブラシ6本セット　A0613J）／DUcare

アイシャドウブラシM（メイクブラシ6本セット　A0613J）／DUcare

ブラックアイライナーは今日でやめる

私はメイクをはじめた頃、目を大きく見せたい一心で、ブラックアイライナーで目を太く囲んでいました。確かに目元は目立ちましたが、大きく見えるというより目だけが変に強く強調されてとてもじゃないですが、美しいとは言えませんでした。

ブラックアイライナーを使っている方は思い切って今日で卒業してみましょう。

メイクは全体のバランスが取れていることが大切。ブラックアイライナーを使うと、黒いラインばかり強調されせっかく美しく仕上げたアイシャドウが台無しになりがちです。

アイライナーの色をブラウンなどの柔らかいカラーに変えるだけで調和が取れます。

一方、上手く引けないからと「アイラインは引かない」という方も多くらっしゃいますが、私はいつも「失敗しても良いからまずは引いてみて」とお伝えしています。**1本ラインを引くことで目元の印象がはっきりとした、きちんと感のある大人の魅力を演出してくれます。**

私だって最初は上手に引けませんでしたが、引いているうちにだんだん上達しました。

失敗を恐れずに、チャレンジしていきましょう！

こなれた
印象をつくる
アイライナー

アイライナーには様々なタイプがありますが、おすすめはペンシルタイプです。ペンシル型のジェルライナーでもいいでしょう。目のキワから粘膜にも使用しやすく、引いたあとすぐにぼかすことができます。

アイラインもアイシャドウと同様に「ぼかす」ことでこなれた、柔らかな印象をつくることができます。

上手に引くにはコツがあります。

①まぶたを持ち上げる
②まつ毛の間を埋めるように描く

まぶたを持ち上げると、安定感が出て描きやすくなります。

次に一気に引くのではなく、**まつ毛とまつ毛の間を、点と点を結ぶようにペン先を肌から離さず、行ったり来たりしながら少しずつ引いていきます。**

最後に綿棒で優しくラインをなぞってぼかしましょう。アイライナーを引く時は、神経質になりすぎなくても大丈夫。最後にぼかすので多少のガタつきは気になりません。

アイライナーが上手に引けるかは慣れ次第。少しずつステップアップしていきましょう。

STEP UP

さらに大人っぽく仕上げたい時は目尻に少し長さを出します。角度は目を開けた時の下まぶたのカーブに合わせると自然な仕上がりになります。その時、目尻1／3だけリキッドのアイライナーでスッと長さを出すのもキレイです。

キャンメイク クリーミータッチライナー 02ミディアムブラウン／井田ラボラトリーズ

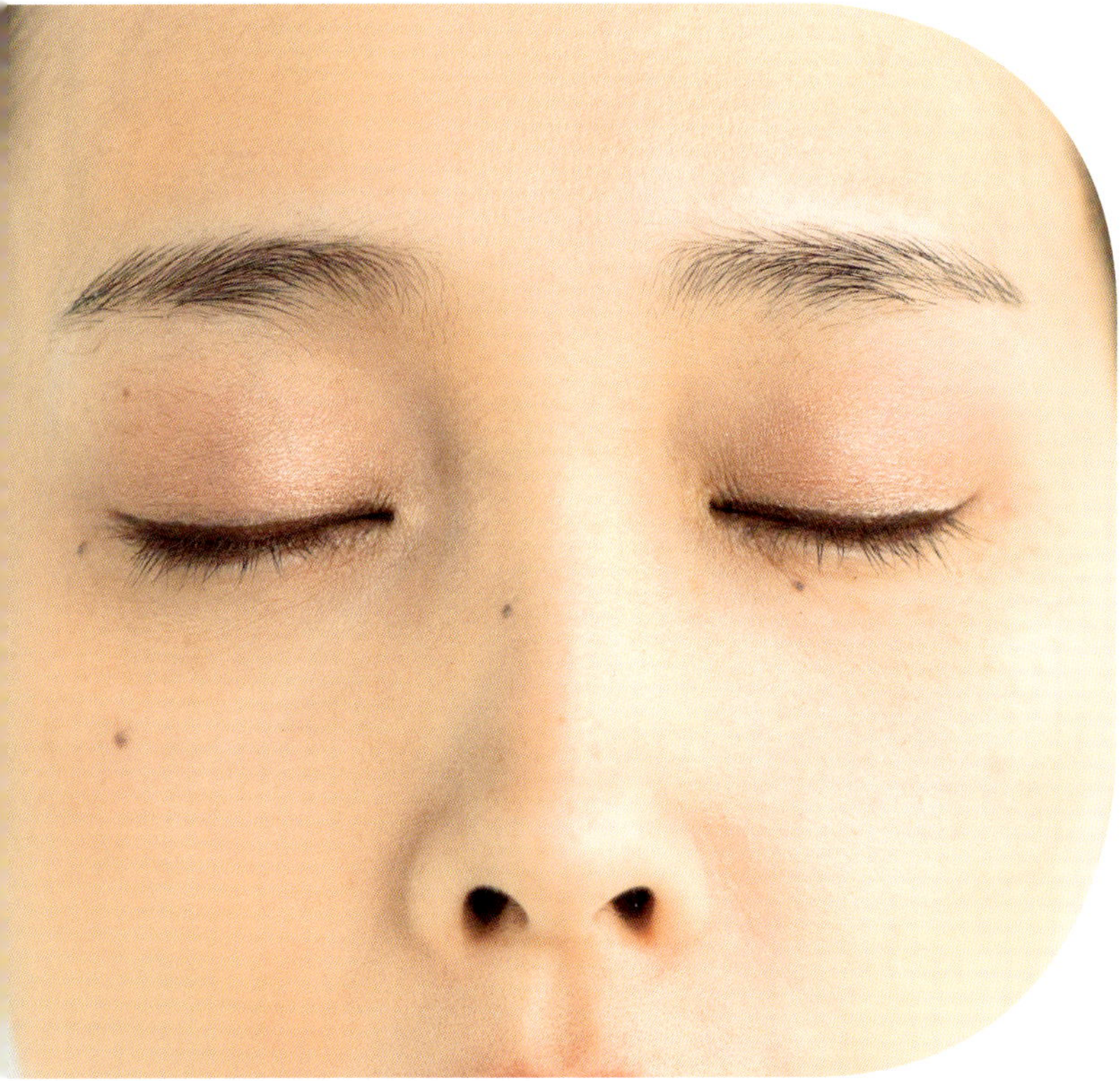

上手になったらSTEP UPにも挑戦！

ビューラーをしても目が大きく見えない理由

目の大きさは何で決まると思いますか？　人は、瞳そのものの大きさではなく、**上まつげの先から下まつげの先までを「目」と認識します。**

まつ毛を上げて目を大きく見せるために使うビューラーですが、使い方を間違えるとその効果は半減…いや、台無しになってしまう場合があります。

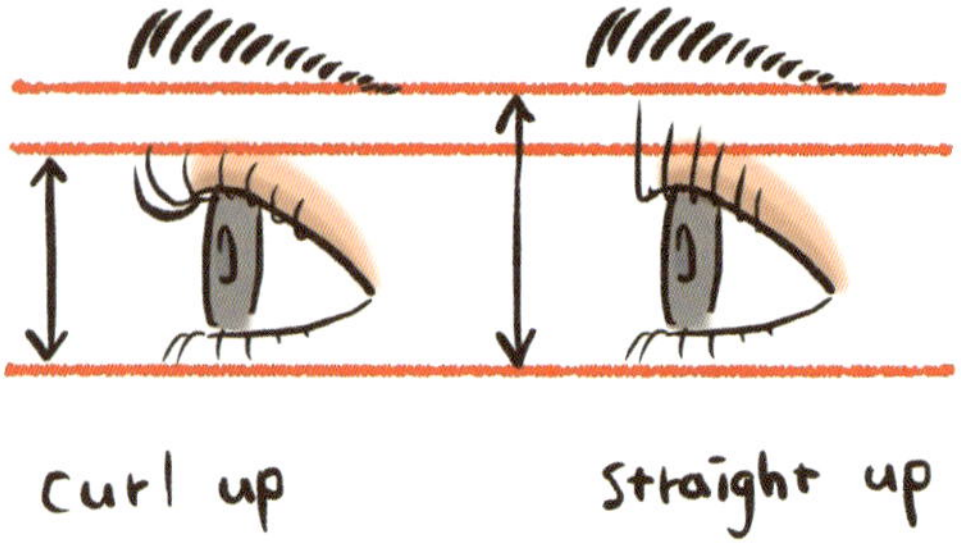

イラストのように上まつ毛と下まつげが離れるほど、つまり、縦に広がるほど「大きな目」という印象になるのです。

× くるっとカーブをつける
○ 上へ上へと上げる

昔はよく「美しいカール」などと雑誌で書かれていましたが、カーブをつけると上下の毛先から毛先までの距離が短くなってしまい、目を大きく見せることができません。まつ毛は上に上げることを意識してビューラーを使いましょう。

まず、ビューラーでまつ毛の根元をしっかりはさみ、その位置で3秒数えます。そのあと、はさむ位置は変えず、少しずつ3段階にわけて角度を変えていきます。**ポイントは手首の位置を固定したまま、段階に合わせて肘を少しずつ上に上げていくこと！**

どうでしょうか？

ビューラーの使い方次第で目の大きさがこんなにも変わるのです！

①根元をしっかりはさむ

②はさむ位置は変えず、角度を変える

③さらに角度を変えてしっかり上げきる

資生堂 アイラッシュカーラー 213／資生堂

マスカラを重ねるより下地をつける

「まつ毛を長く見せたい」「太くボリュームを出したい」と思うとマスカラを何度も重ねてつけがちです。

しかし、マスカラを何度も重ねるのはダマにもなりやすくおすすめしません。代わりにマスカラ下地を使うと、大人の女性にふさわしい自然で美しいまつ毛を手に入れることができます。

- ・カールをキープ
- ・ボリュームや長さがＵＰ
- ・トリートメント効果

下地を使うだけで、これらが簡単に手に入るのです！

下地は、根元から中間のみに使うのがポイント。毛先までたっぷりと塗ってしまうと、重くなってまつ毛が下がりやすくなったり、次につけるマスカラがひっかかりやすくなるなど、キレイに仕上げることができません。

それでは、目の中央のまつ毛から塗っていきましょう。ブラシの面をしっかりと根元にあて、左右に少し動かしながら持ち上げるように中間まで塗ります。そこから毛先にかけてスッと抜いてください。

目頭、目尻も同様にまぶたの角度に合わせてブラシを当て、均一になるよう塗っていきます。

もちろん下まつ毛も忘れずに。ブラシを縦にして下まぶたにつかないように、ブラシの先端を使い、根元から毛先にかけてブラシを上下に動かしながら丁寧につけていきましょう。

上下とも塗れたら準備はバッチリですね！ **30秒ほど置いてからマスカラを重ねていきましょう。**

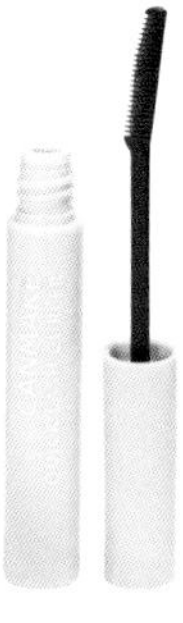

キャンメイク クイックラッシュカーラー 透明タイプ／井田ラボラトリーズ

ロングマスカラで
理想のまつ毛を
手に入れる

大人の女性が目指すべき理想のまつ毛は、しっかりと上向きにカールした、長くて上品なまつ毛です。

ロングタイプのマスカラを使ってその理想のまつ毛を手に入れましょう。ロングタイプを使うとまつ毛を自然に長く、上品に仕上げることができます。**さらに塗り方を工夫することで、ボリュームタイプを使ったような濃さも出すことができるのです。**

まず、マスカラのブラシを目の中央のまつ毛の根元にしっかり当てたら、繊維を絡ませるようにググッと押し当てて、根元〜中間を中心に丁寧に塗ります。目頭、目尻も同じように塗っていきましょう。ここまでは下地と同様です。

次にマスカラの先端部分を使って毛先を1本1本伸ばす気持ちで塗っていきます。つけすぎは禁物です。

上まつ毛が塗り終わったら、今度は下まつ毛。上まつげより毛が短いので、下まぶたにつかないように注意して塗ります。私はマスカラを塗る時はいつも息が止まるくらい真剣です。

下地の時と同様にブラシを縦にして先端部分を使います。マスカラをポンポンと置くように塗っていきます。この時、先端に液の量が多すぎる時は軽くティッシュオフしてから塗りはじめてください。**何度も重ね塗りしないように、一発勝負で塗りましょう。**

最後にパンダ目防止で、フェイスパウダーを目の下にさっと重ねます。目周りがベタついているとマスカラがくっついてにじみやすくなってしまうからです。これで夜まで完璧な目元の完成です。

STEP UP

ボリュームタイプのマスカラはテクスチャーが重く、まつ毛にたっぷりマスカラの液がつきます。目元が濃くなりパッとした仕上がりになるので、目元メインのメイクをしたい時などにおすすめです。

クリニーク ラッシュパワーマスカラ ロングウェアリングフォーミュラ ＃01ブラックオニキス／ＥＬＣジャパン

眉毛が印象の8割を決める

「眉毛で印象の8割が決まる」と言っていいほど、お顔の中で一番大切なパーツは眉毛です。絵でたとえると額縁のような役割を果たします。

美しい眉毛は、自信に満ちた意思の強い凛とした女性に見せてくれます。

さらに、**眉毛がキレイに描けるようになると「顔が小さくみえる」「目が大きくみえる」「美人にみえる」など印象が大きく変わります。**

だからこそ、どういう眉毛が自分に合うのか、どんな眉毛が正しいのか、悩み多きパーツでもあります。

私も思うように眉毛が描けるようになるまで1年はかかりました。

もともとの眉毛がゲジゲジでおにぎりのような三角の

太い眉毛。この眉毛をキレイなアーチでスッキリ仕上げるにはどうしたら良いのか、苦戦しながら毎日練習していました。

自分に合った眉毛が描けるようになるには、理想の眉毛のかたちを知り、描き方を学び、練習することです。

一度で思い通りの眉毛が描ける人はいません。**美しい眉毛はその裏でキレイになる努力をした証なのです。**

練習すればあなたも必ず、自分の顔に合った眉毛が描けるようになります。

理想の眉毛を目指して、今日から一緒に頑張りましょう！

ペンシルだけでは美人眉はつくれない

美人眉は髪の色と合ったカラー、そして濃淡が決め手。アイブロウペンシルだけではつくれません。

①アイブロウペンシル
②アイブロウパウダー
③眉マスカラ

これが美眉をつくる三種の神器。

眉毛に取り組む前にこの3つのアイテムを揃えてください。

「めんどくさそうだな…」なんて思わないで！

眉毛がキレイに描けると、お顔が立体的に見えるだけではなく、目元がリフトアップして見える効果も。手間をかけるほど返してくれるのが眉なのです。

①アイブロウペンシル

アイブロウペンシルで大切なのは色選びです。**基本は髪の色に合わせる、もしくは髪の色より少し明るいものを選んでください。**

髪が黒いのに明るすぎる茶色の眉や、髪は明るい色なのに眉が真っ黒だとバランスが悪く、相手が違和感を感じます。

また、削るタイプよりは毎回一定の細さで描ける、芯を繰り出せるタイプのものがおすすめです。

ケイト アイブロウペンシルA BR-5黒味の薄茶色／カネボウ

②アイブロウパウダー

アイブロウパウダーは3色入りを買いましょう。混ぜて色を調整できるので、初心者さんでも簡単に色の濃淡をつくることができます。

ケイト デザイニングアイブロウ3D EX-5ブラウン系／カネボウ

③眉マスカラ

眉マスカラを仕上げにつけると一気に眉毛があか抜けます！

塗布したあとの眉色が、髪色よりもワントーン明るくなる色を目安に選んでください。

あくまでも描き足したペンシルやパウダーの色が眉色ベースになるため、あまり神経質になりすぎなくても大丈夫です。

自眉が太くて濃い方は、明るすぎる色の眉マスカラを使うと自眉の色となじみにくく、ムラになる原因なので注意しましょう。

髪色がライトブラウン～ダークブラウンの方は暗めなブラウンで充分対応できます。

ケイト 3Dアイブロウカラー BR-1ナチュラルブラウン／カネボウ

似合う眉のかたちは決まってる

美しい眉毛を手に入れるために最初にするべきことは、鏡と睨めっこをして自分の眉の骨格と毛の流れを確認することです。

あなたに一番似合う眉毛はあなたの骨格と生えている毛によって決まります。似合う眉毛のかたちは生まれた時から決まっているのです。

鏡を見て、指で眉の周りを触ってみましょう。硬い骨に沿って毛が生えていることがわかるでしょうか。もしわかりにくければ、目に力を入れて表情筋を動かしてみてください。眉毛と一緒に動くところが眉毛の骨格、あなたの眉のベースとなる場所です。

眉毛はこのベース上にくるように描いていきます。**無理に位置を変えると表情と連動せず、不自然な印象にな**

ります。

次に、毛の流れをチェックしていきましょう。眉頭は上に、中央部分は横に、眉尻部分は斜め下に向かって毛が生えています。眉毛を描く時はこの流れに逆らわないよう描いていきます。

眉毛は骨格と毛の流れを意識しながら描くことが基本です。

お顔の幅に眉の長さを
合わせると小顔になる

眉には眉の黄金比と呼ばれる、顔がキレイに見える長さや大きさの比率があります。**眉をかたちづくる眉頭、眉山、眉尻の位置を黄金比に合うように決めるだけで、誰でも自分にピッタリのキレイな眉が手に入るのです。**

早速その位置を確認していきましょう。柄の長いブラシを手に取ってください。

まずは眉のはじまり「眉頭」の位置を確認します。

小鼻の少し内側にブラシを当て、その延長線上が眉頭の位置になればベストです。

次に「眉山」です。鏡をまっすぐ見て、小鼻と黒目の外側を結んだ延長線上にくるところに眉山を取ります。ここが眉の中で一番高いところになります。

最後に「眉尻」ですが、この位置の決め方は2タイプあり、お顔の幅に合わせて選ぶと小顔効果抜群です！

目尻と輪郭までのお顔の幅が目より広い幅広さんは長めに、狭い幅狭さんは短く取ります。

幅広さんは小鼻と目尻の延長線上に眉尻を決めてください。眉尻を長くすることでお顔の余白が埋まります。そして、よりキレイめで知的な印象をつくることができます。

ただし、眉を長く描きすぎると、正面から見た時に眉が強調されすぎてしまい、強い印象になるので注意しましょう。

幅狭さんは口角と目尻との延長線上に眉尻を決めてください。短めな眉尻は柔らかで大人可愛い印象になります。

こちらは、眉を短く描きすぎると、顔が大きく見えてしまうこともあるので注意しましょう。

色の
グラデーションが
美人眉の決め手

それでは、実際に眉を描いていきましょう。

描きはじめる前にスクリューブラシで眉頭から毛の流れを整えます。眉頭から下〜上、横へと毛を流していきましょう。


はじめにペンシルを使用し、眉山〜眉尻の毛の少なくなりやすい箇所を1本1本、最初に確認した毛の流れに沿って、毛を描き足すようなイメージで描いていきます。

左右の眉の高さが違って眉山の位置を合わせることに苦戦する場合は、最初に確認した眉の筋肉から大きく外れない位置で合わせます。**その時できれば高い方に合わせることがコツ**。眉山を低い方に合わせると、高い方の眉を剃らないといけない場合があります。それよりは描き足す方が失敗なく、自然に仕上がるでしょう。

眉尻のカーブは目を開けている時の目尻のカーブと並行になるように描くとキレイです。


眉の左右差は生徒さんにも多く、あなただけの悩みではありません。上手に描けるようになるまで頑張りましょう！

次にパウダーを使用し、ペンシルで描いた部分にも重ねながら眉毛全体に色がのるように、眉尻から眉頭まで眉毛の隙間をブラシで1本1本埋めるように描き足していきましょう。

この時ブラシはパレットに付属している柄の短いものではなく、柄の長いブラシを使用する方が安定して描きやすいです。

また、この時意識したいのは色のグラデーション。

眉毛は通常眉山が一番濃く毛が生えていて、次に眉尻、眉頭の順で薄くなります。眉毛を描く時もそれに合わせるように濃淡を意識すると、自然でキレイな眉毛になります。

濃淡のない均一な眉毛はのっぺりベタッとした印象になり、眉毛だけが浮いてしまうので注意しましょう。

眉山~眉尻はパウダーの一番暗い色と中間色を混ぜて使います。眉山~眉頭は中間色と一番明るい色を混ぜて使用することで、簡単にグラデーションのある眉が完成します。

仕上げに眉マスカラをつけます。つける時は、地肌にマスカラがつかないように気をつけてください。

ムラなく全面につけるためにブラシは横に寝かせ、まずは毛の流れに逆らうように眉尻から眉頭に向かってつけます。そして毛並みを整えるように、眉頭から眉尻へ毛の流れに沿ってふんわりつけていきましょう。

アイブロウブラシ(メイクブラシ6本セット A0613J)／DUcare

①まずは毛流れを整える

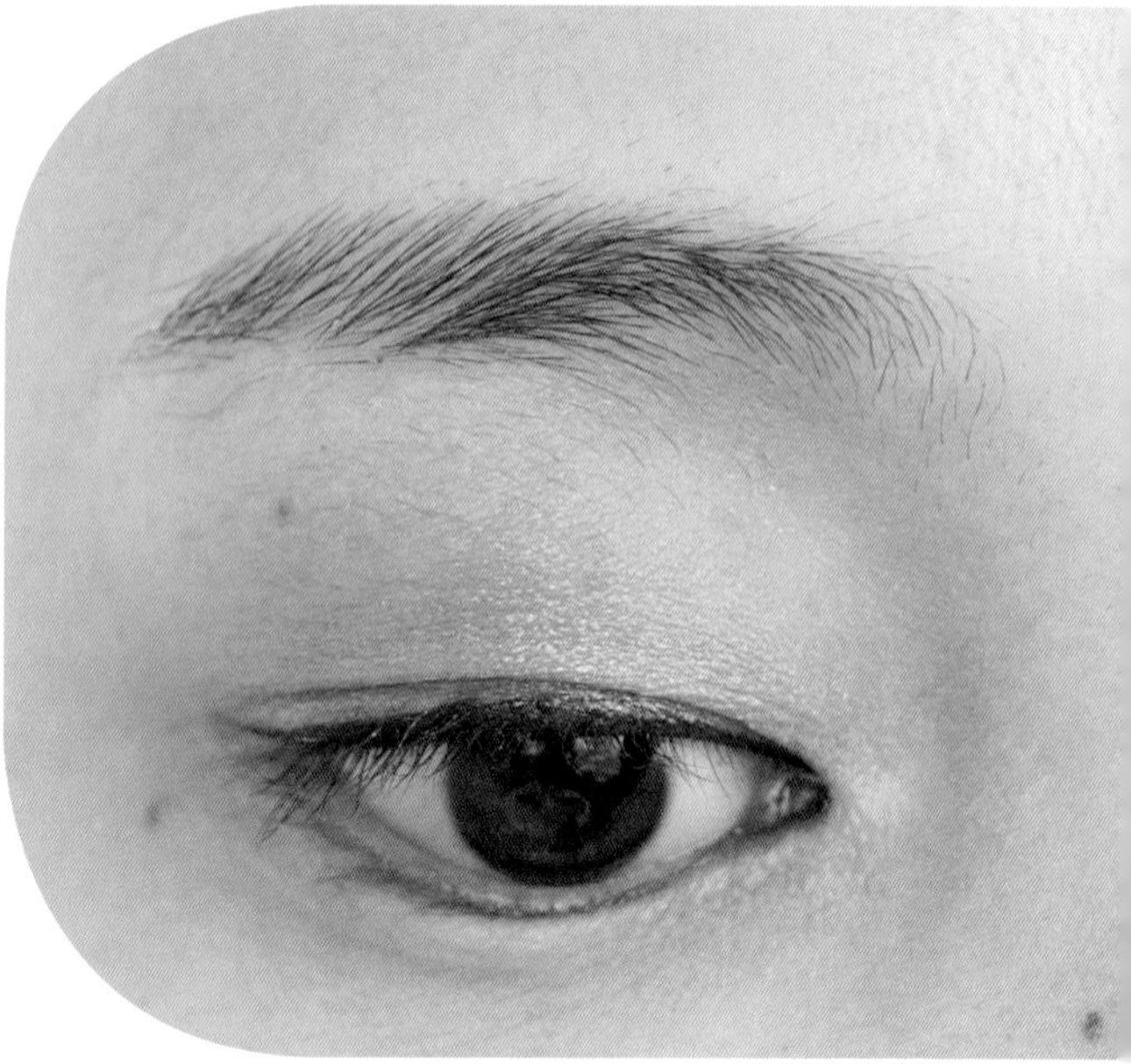

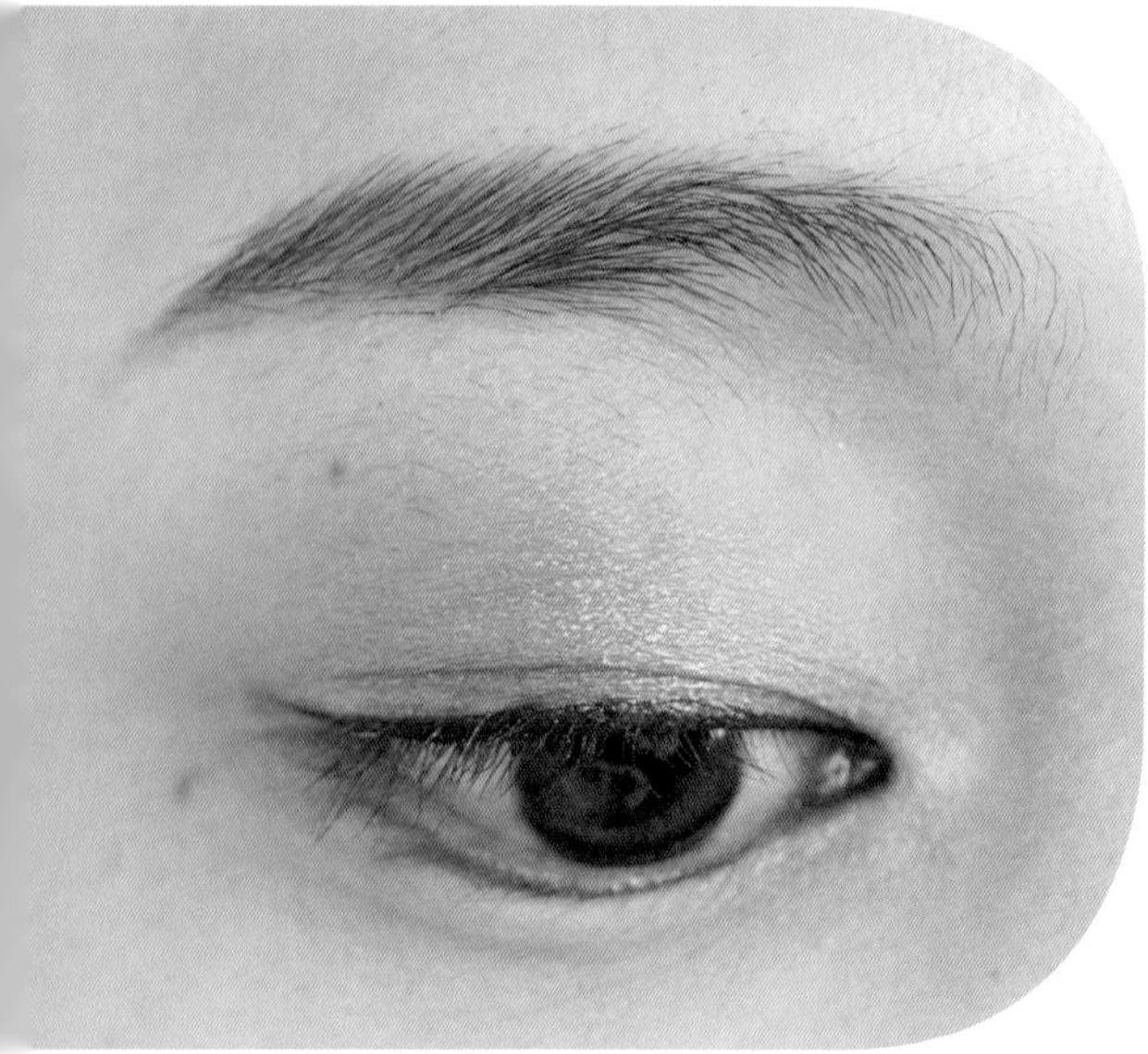

②ペンシルで1本1本丁寧に描く

③濃淡を意識しながらパウダーをのせる

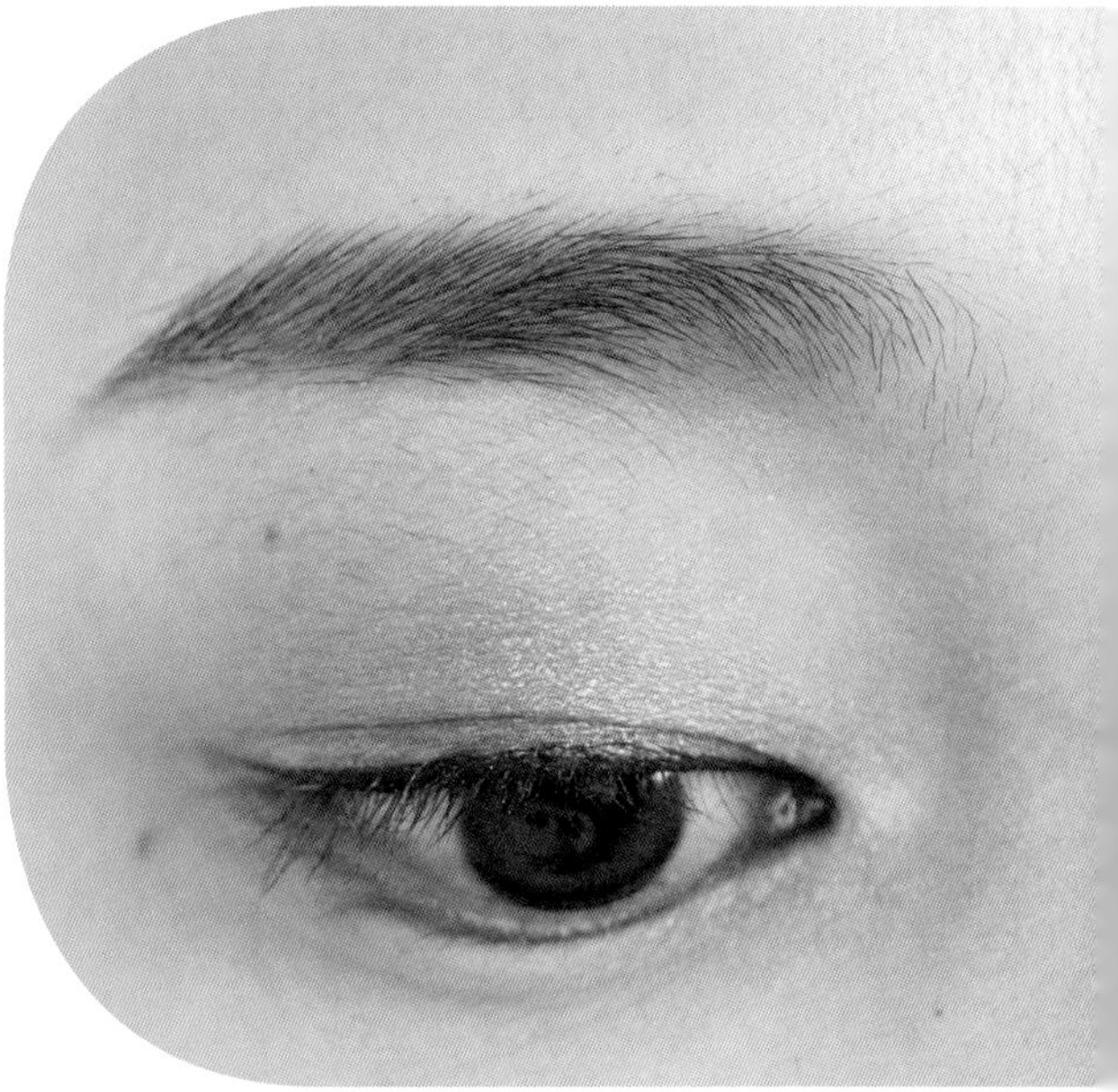

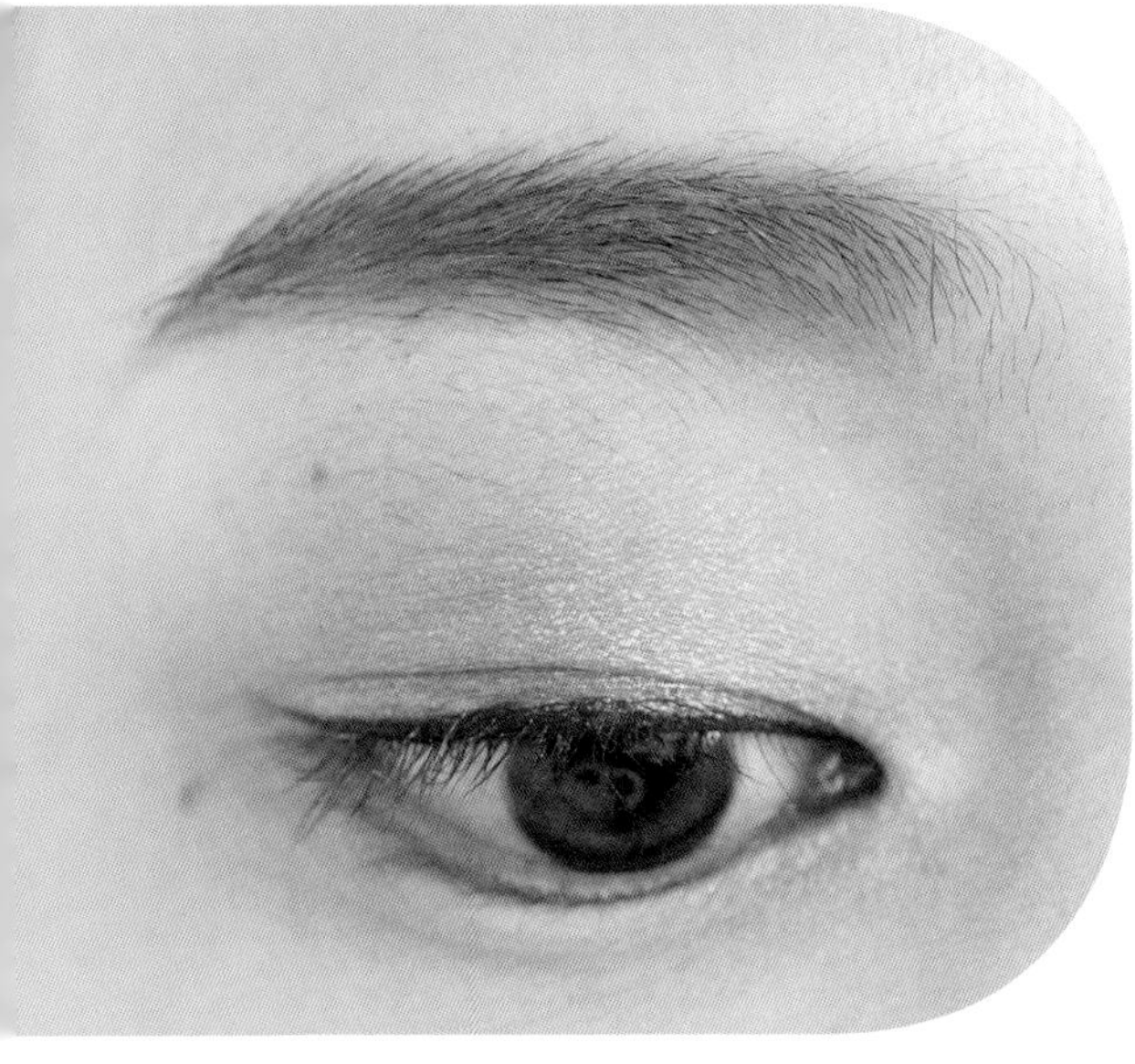

④眉マスカラをのせてあか抜け眉の完成!

リップは
3本あればいい

つけないことが多いわりに数を持っているのはリップだったりしませんか？ ほとんど使われていない同じような色のリップが家にたくさん転がっている、というのはよく聞く話です。これを機会に一度整理をしましょう。

①ビビッっときたカラー（自分がときめく色）
②店員さんから見て私に似合う色
③トレンドカラー

リップはこの3色があれば充分です。

①ビビッっときたカラー（自分がときめく色）

STEP1でも、まずは「ときめく色のリップを使う」ことをお伝えしました。好きな色は、あなたに美しさと勇気を与えます。

②店員さんから見て私に似合う色

プロに選んでもらうことをおすすめする理由は、客観的に似合う色を選んでもらうためです。

洋服を選ぶ時と同じように、コスメを選ぶ時も「いつものパターン」があなたにあるかもしれません。

実は同じ色ばかりを使っていると、それに見慣れることで「似合っている」と錯覚し、**本当は他にも似合うカラーがあるのに、見慣れないだけで「似合わない」と思い込んでいる場合があります。**

だからこそ、色を選ぶ時は第三者のプロにアドバイスをしていただくことも大切なのです。プロにお願いするハードルが高ければ、まずは信頼できるお友達などに選んでもらいましょう。

③トレンドカラー

3本目のトレンドカラーは毎シーズン変化していきます。トレンドカラーを取り入れると簡単に旬な顔になれる、そのシーズンのお洋服とも合わせやすい、といったメリットもあります。

その日どのリップを使うかは気分や服装に合わせて自由に選んでくださいね。
トレンドカラーをうまく利用して、新しい自分に出会う楽しみを増やしましょう！

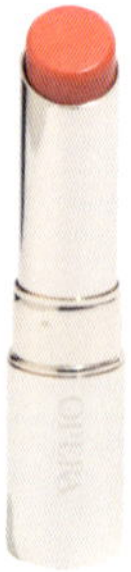

オペラ ティントオイルルージュ 03 アプリコット／イミュ

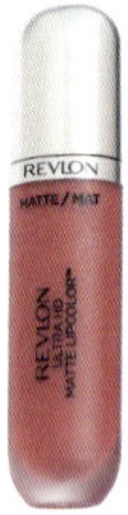

レブロン ウルトラ HD マット リップカラー 0-8キスイズ／レブロン

ケイト カラーハイビジョン ルージュ RD-3／カネボウ

美人な唇は
道具によって
つくられる

ガタガタなリップラインは、本来のキレイなあなたの口元を歪《ゆが》ませ、雑な印象を与えてしまいます。そんな状態ではどれだけ素敵な笑顔も台無しですよね。

①リップベース
②リップライナー
③リップブラシ

整ったリップライン、ぷるんとした魅力的な唇をつくる秘訣は、これらのアイテムを使うことです。

①リップベース

リップをいきなり唇にのせていませんか？

リップベースをつけるだけで、ピタッとリップが密着し、ワンランク上のうるツヤな唇を手に入れることができます。

まずは唇全体に塗り、次にシワに沿って縦に等間隔で3本のラインを描くように塗ります。こうすることでカサつきがちな唇が潤い、さらに唇の縦ジワもなめらかに目立たなくしてくれます。

リップクリームでも代用はできますが、少し油分が多いものもあるので、ベタベタ、ヌルヌルしないものを選んでください。**油分が多いと上からつけるリップが滑ってしまい、リップ本来の発色が半減してしまいます。**

M・A・C プレップ プライム リップ／ELCジャパン

② リップライナー

次にリップライナーです。

リップライナーは唇の輪郭を綺麗に整えるだけではなく、バランスよく修正したりぷっくりオーバーに見せたり、口元の印象をコントロールすることができます。

さらに、唇の内側をリップライナーで埋めてあげると唇の色ムラを整う、リップの発色を均一にしてくれるなど、仕上がりが格段にアップします。

まず1本選ぶとしたら赤からベージュまでどんなカラーとも相性が良く、自然に血色が良く見えるピンクベージュを選びましょう。

上唇と下唇のバランスが良く見える黄金比は1：2です。この比率は必ず覚えてくださいね。

唇のかたちを補正するのは、リップライナーで行います。リップで直接輪郭を取ってしまうとリップの油分でアウトラインがヨレたり、崩れやすくなったりしてしまいます。黄金比を意識して上唇より下唇をぷっくりさせるよう描きましょう。

上手に輪郭を取るには、まず下唇からスタートします。

図のように①下唇中央→②下唇左右→③上唇中央→④上唇左右と描いていきましょう。

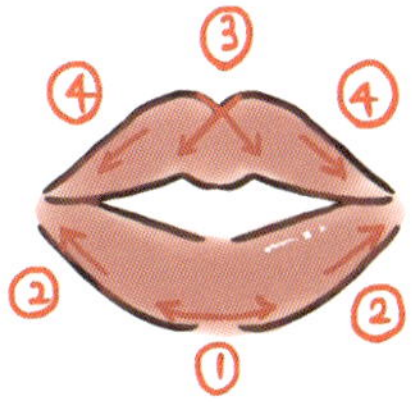

上唇中央を描く時は、最初から山を丸く書こうとすると、左右の山に差がついてうまくできません。**まずは山部分に「×」印を描き、それから左右を繋げることがコツです。**誰でも上手に輪郭を取ることができますよ。

M・A・C リップペンシル
ボールドリーベア／ELC
ジャパン

③ リップブラシ

リップは、リップブラシを使って仕上げをしましょう。

まずは輪郭部分を避けてリップを直接唇にのせます。そのあと、ムラがないようにリップブラシでなじませていきます。リップブラシを使うことではみ出しを防ぎ、色が均一にのった洗練された口元に仕上げることができます。

面倒ですが、必ずリップブラシを使うクセをつけましょう。これだけでプロ並みの仕上がりになるのです！

小さな丁寧の積み重ねがメイク全体の完成度を大きく変えてくれます。

リップはメイクの最後の仕上げ。

キレイに塗ることができるとお顔全体の完成度が上がり「今日も1日頑張ろう！」と気持ちも一層高まります。

リップブラシ（メイクブラシ 6本セット A0613J）／DUcare

POINT

唇が小さい方はリップペンシルでペン幅1／2くらい少しはみ出すようにオーバーリップ気味に描いてください。ただし、それ以上はみ出してしまうとオーバーになりすぎて違和感が出てしまうので注意しましょう。

リップから
ポイントメイクを
はじめてみる

リップってメイクの仕上げに塗りますよね？
私も普段は目元、眉毛、口元の順でメイクすることをおすすめしています。
でも今日はリップからポイントメイクをはじめてみませんか？

メイクは同じやり方でも順番を変えるだけで、気分や印象がガラッと変わることがあります。特に最初にするパーツは、その日のメイクの基準になるので、メイクにマンネリ感を抱いたり「飽きたな」と思った時にも、順番の入れ替えを試してみてください。

今日最初にリップを塗って欲しいのは、口元に血色やツヤがプラスされるだけで、ぱっとお顔が明るくなる、女性らしさが際立つなど、メイクによる変化をまず実感して欲しいからです。

ポジティブな変化を感じるとメイクをすること自体が楽しくなってきます。ぜひその気持ちを持って、メイクに取り組んでいただきたいです。

また、つけない、苦手という方が実は多いのがリップです。

せっかく肌をキレイに整え、アイメイクばっちりでもリップがついていないだけでお顔がぼやけてしまいます。スキップしがちな人は習慣になるまで最初にリップをつけてみてください。

どんなにメイクに自信がなくても、リップをつけることはできるはず。リップは女性の武器ですよ！

アルジェラン オイル リップスティック ダマスクローズ&ラベンダー／マツモトキヨシ

リップは女性らしさを際立たせる

Column

4

気分を変えたいときはカラーで遊ぶ①

いくら似合うといっても同じカラーばかりでは飽きてきたり、たまには気分を変えたくなったりしますよね。

そんな時はカラーアイライナーやカラーマスカラで遊んでみましょう。アイシャドウより色がのる範囲が狭いので冒険しやすく、手軽に取り入れることができます。

カラーライナーは暖色系か寒色系かで印象が変わります。元気で可愛らしい印象になりたい時は赤やオレンジなどの暖色系、クールで落ち着いたイメージを打ち出したい時はグレーやネイビーなどの寒色系を選んでみてください。

カラーマスカラを使うと、オシャレ度がぐっとアップします。ブラウンは柔らかな雰囲気になりますし、ブルーやイエロー、グリーンなら個性的な雰囲気を演出できます。

こんなに小さなパーツの変化でも、鏡に映る自分の姿がまるで別人のように新鮮に見えますよ。

マスカラやアイライナーは消費期限が短いアイテム。プチプラコスメで良い物を見つけておくと、交換もしやすいです。

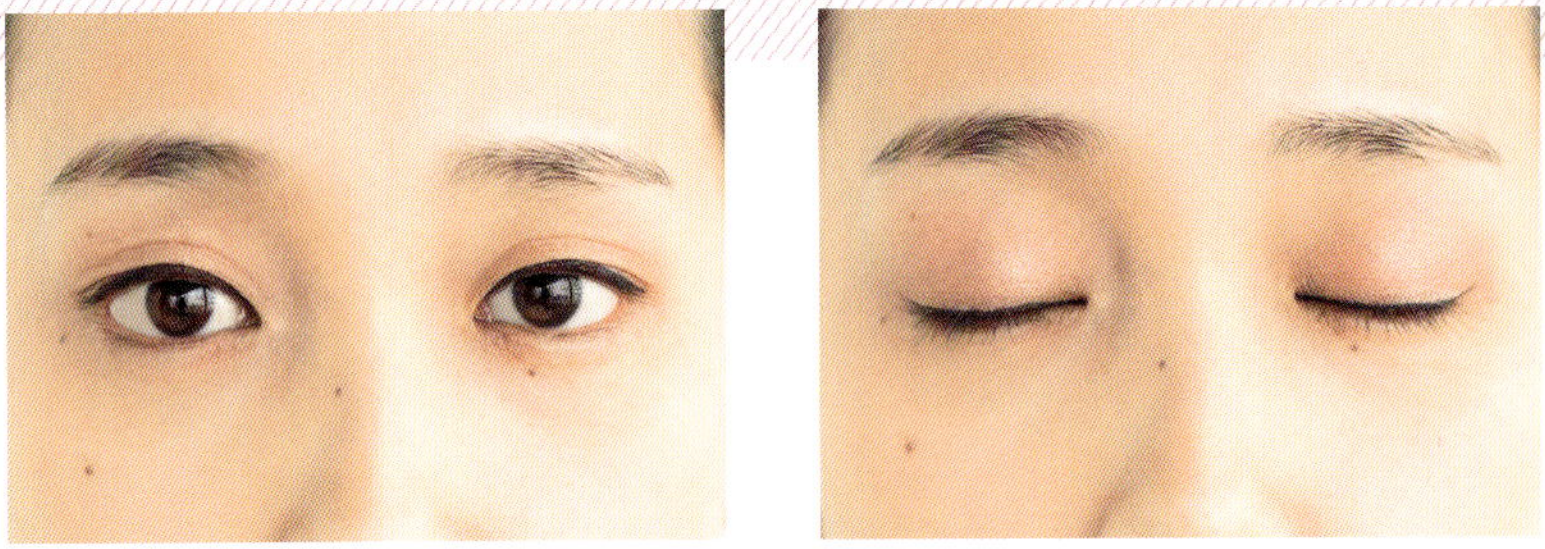

大人な印象のグレー

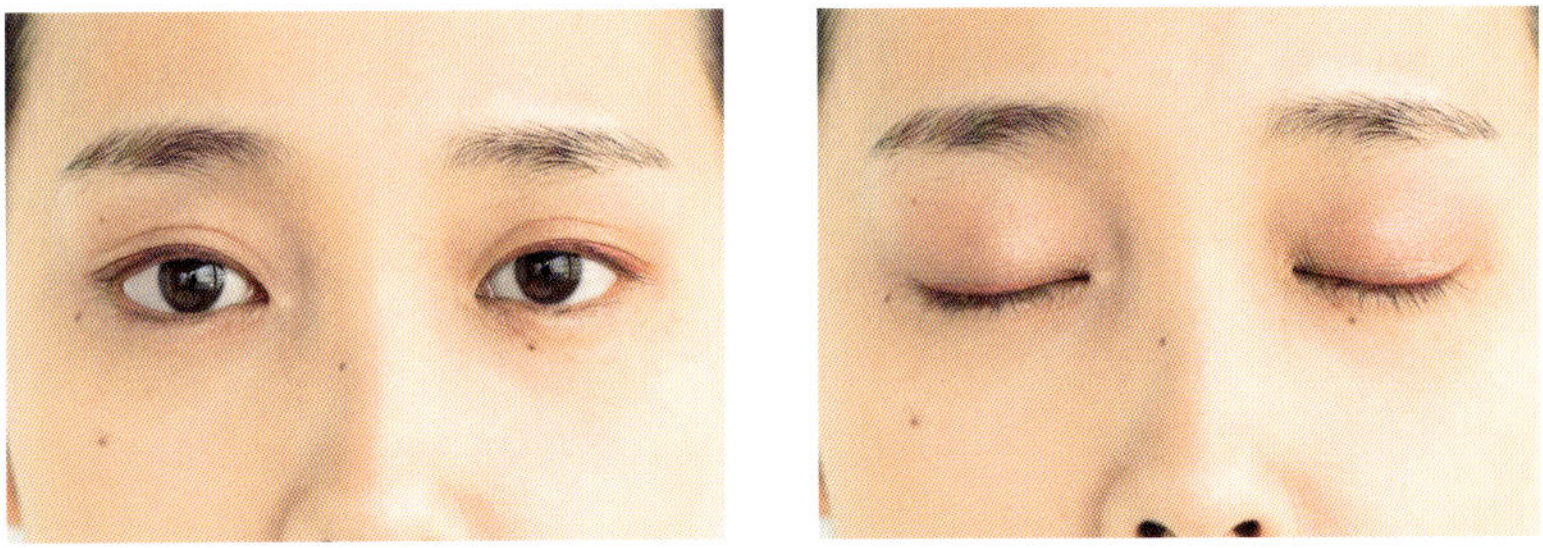

レッドは元気なイメージに

ラブ・ライナー リキッド グレージュブラウン／msh

DAZZSHOP サパーブ アイライナーペンシル RHAPSODY01／エステティクス

Celvoke インラプチュア ラッシュ 04パーシモン／マッシュビューティラボ

Column

5

気分を変えたいときはカラーで遊ぶ②

次はもう少し大胆に、カラーシャドウを取り入れてみましょう。**カラーシャドウを上手に選ぶコツは、思いっきり想像力を膨らませて、なりたい自分をイメージすることです。**

たとえばパープルはエレガントで吸い込まれるような大人の女性の印象になります。

カーキやグレーはミステリアスでクールな印象に。周りと差をつけたい時におすすめです。

思いっきり遊びたい時は、目の下にもしっかり色をのせるといいでしょう。

カラーシャドウがメインになる場合はリップを控えめにします。**ピンクベージュやオレンジベージュなどの肌になじむ自然な色を選び、目元が引き立つように意識しましょう**。濃いリップしか手元にない時はリップを指でポンポンとなじませ、しっかりと色を出すのではなく、唇がじんわり色づくようにつけます。

カラーシャドウをマスターできたあなたはもう、アイメイク上級者。自信を持って外に出かけましょう。

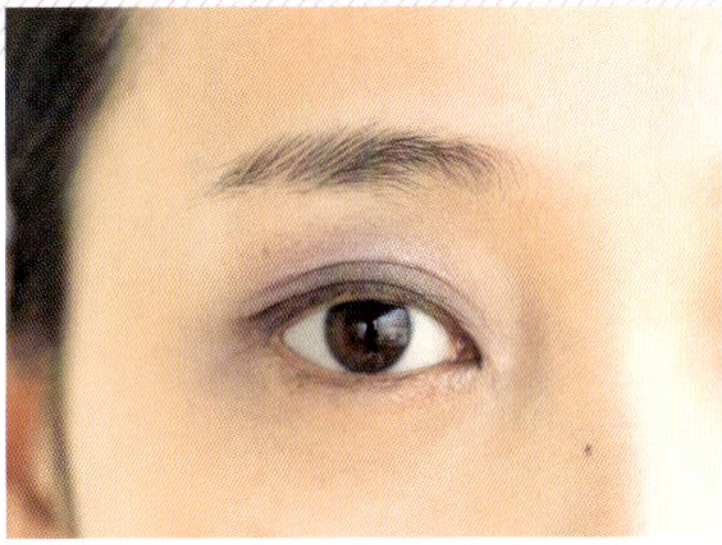
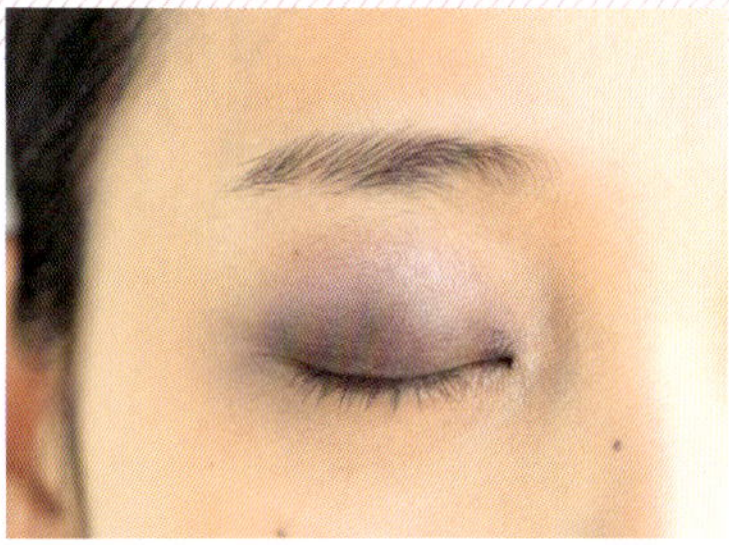

①エレガントな大人の女性に

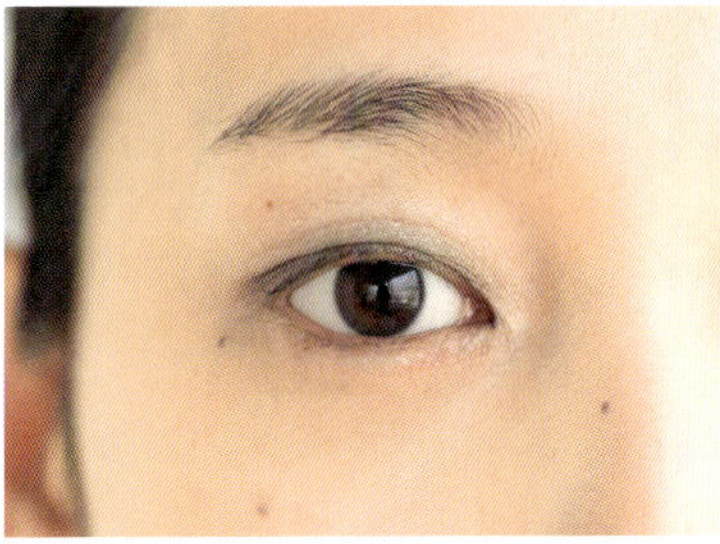
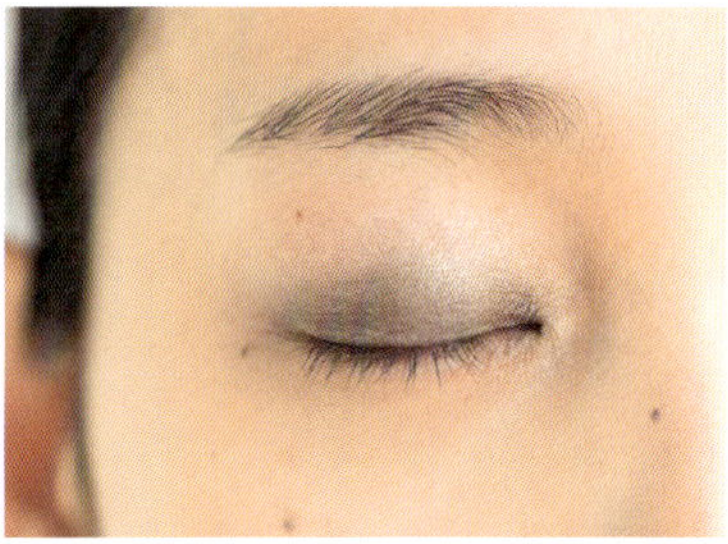

②クールで個性的な印象

①MiMC ビオモイスチュアシャドー 20スプリングヘイズ／MiMC

②MiMC ビオモイスチュアシャドー 21ムーンライト／MiMC

STEP 5

スキンケアで
美人度を
底上げする

ヘアバンド¥1,600(サンポークリエイト〈アネモネ〉)
その他／私物

スキンケアも
メイクの一環

みなさんは普段どのようにスキンケアをしていますか？
忙しさにかまけてメイクを落とさず寝てしまったり、化粧水を雑につけたりしていると、お肌がどんよりくすむ、吹き出物が出るなど肌トラブルを引き起こしてしまいます。**お肌の状態には、あなたの日頃の行動がダイレクトにあらわれてしまうのです。**

メイクは美肌づくりからはじまっていると言っても過言ではありません。お肌がボロボロな状態だと、どんなに高価なファンデーションをつけても、期待ほどの美しさは望めませんよね。

逆にお肌の調子が良ければ化粧ノリがアップし、さらにメイク崩れもしにくくなるなど、メイクの仕上がりも変わってきます。なによりすっぴんに自信が持てるとメイクをする時の気分も全然違います！

少しでも「いつも違うかも」と感じたら、スキンケアの工程を見直してみてください。洗顔や保湿もひとつひとつ丁寧に行えば、お肌はきっと応えてくれます。お肌の声を聞きながら、毎日のお手入れをしてみましょう。

お肌はなるべく洗わない

知っていましたか？ 日本人女性の約70％は乾燥肌といわれています。

その原因のひとつがお肌の洗い過ぎです。洗い過ぎると、お肌に必要な良い菌も一緒に洗い流してしまい、肌トラブルを招いてしまう場合があります。

朝は洗顔料を使わない「ぬるま湯洗顔」を私は推奨しています。

朝は、寝ている間についた埃や汚れを軽くぬるま湯で洗い流すだけで充分です。この時、こすり過ぎないことを意識してください。

今まで洗顔料を使っていた方は不安を感じるかもしれませんが、しばらくぬるま湯洗顔を続けてみましょう。1ヶ月を過ぎた頃から、お肌の乾燥や肌荒れの改善を実

skinvill ホットクレンジングジェル／I-ne

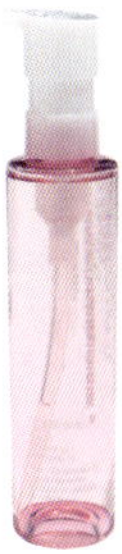
シュウ ウエムラ フレッシュ クリア サクラ クレンジングオイル／日本ロレアル

オルビスユー ウォッシュ／オルビス

感できるはず！

夜はクレンジングでしっかりメイクを落とし、洗顔料で洗います。この時も、顔を撫でるくらいの優しいタッチで洗うのがポイント。**ダブル洗顔不要のクレンジングだと、摩擦が減るのでなお良いでしょう。**

なるべくお肌を洗わないことをおすすめしていますが、メイクを落とさず寝ることは厳禁です。角質が溜まることで、肌のゴワつきや、毛穴開きを引き起こすだけではなく、老化の原因にも。**どんなに疲れた日でもメイクは毎日必ず落としてくださいね。**

1日2回のシートパックで
肌が生まれ変わる

特別な日の前日に使うシートパックはなんだか贅沢な気分になりますよね。化粧水から美容液まで1枚でまかなえる優れものがシートパック。使い方次第であなたのお肌がぐ〜んと生まれ変わります。

シートパックというと、週に1〜2回のスペシャルケアというイメージがあるかと思いますが、私がおすすめするのは、毎日朝晩2回のパックです。**高級なシートパックをたまに使うより、安くてもいいので「保湿」を目的に毎日使いましょう。**1枚300円のものを週2回使うより、1枚30円のものを毎日2回使った方がコスパも◎

気をつけたいのは、パッケージに記載されている使用方法や使用時間をきちんと守ること。シートが乾くまで放置してしまうと、肌内部の水分がシートに吸い取られて蒸発し、肌を余計に乾燥させてしまうのです。

忘れないようにしたいのは、パックをしている間シートからはみ出ている目元、口元、首のケア。これらもケアするためにパックのあとは肌状態に合わせて化粧水、美容液、乳液（クリーム）の順番でいつも通りにスキンケアを行なっていきましょう。

お肌が敏感な方は防腐剤や香料が入っていないものなど、自分に合うパックを選んでくださいね。

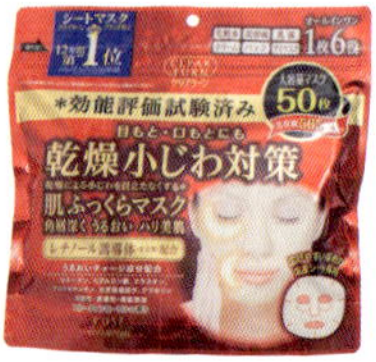

クリアターン 肌ふっくら マスク／コーセーコスメポート

SAISEIシートマスク［フェイスライン用］ 7days 2sheets／FLOWFUSHI

スキンケアは 2種類を使い分ける

同じスキンケアアイテムを使い続けていると、肌が慣れてしまいます。

しかも残念なことに、年齢を重ねるにつれて、お肌は鈍感になり、さらにアイテム本来の効果を得られないことがあります。

「あれ、なんかおかしいな、調子が悪いな」「肌に元気ないな」「メイクのノリが悪いみたい」そう思った時は、違うアイテムを試してみると解決するかもしれません。


週に1〜2回いつもと違う、スペシャルなスキンケアアイテムを使いましょう。

違うものを使うと、肌は刺激を受けて目を覚まし、再び本来の効果を得ることができるはず。

スペシャルアイテムの選び方のコツは、**自分の中でテ**

ンションが上がる好きなブランドを選ぶこと！ さらに香りが良い、少し高級なものなどにすると気分も上がり、効果もさらに高まりますよ。

アヤナス ローション コンセントレート／DECENCIA

アヤナス クリーム コンセントレート／DECENCIA

キールズ IRS エッセンスローション／キールズ

キールズ クリーム SP／キールズ

キールズ ナイト ファーミングマスク／キールズ

美容液は
未来の
自分のために使う

美容液は使っていますか？ 単なる保湿剤だと思っていませんか？

美容液は、スキンケアアイテムの中で一番美容液成分が濃縮して配合されていま
す。よく乳液やクリームと同じようなものだと勘違いしている方も多いのですが、役
割が全く違います。

美容液は肌の悩みを解消するための救世主。シートパックと同じ、毎日のスキンケアにぜひ取り入れていただきたいのです。

美容液にはハリや潤いを与えてくれるもの、透明感を引き出してくれるもの、毛穴をギュッと引き締めてくれるもの、美白効果があるものなどさまざまです。

もちろん、**大人の女性が気になるアンチエイジングにも効果的！**あなたの悩みに合わせて選んでみてください。

また美容液には、お値段も高いものから安いものまで幅広くありますが、継続して使えるものを選びましょう。

1本だけ高級なものを使ってもなかなか効果は感じられません。お肌が生まれ変わ

るのに約28日はかかるといわれています。**効果を実感するためには、最低でも2ヶ月は続けられるものを使ってみてください。**

今のキレイだけでなく未来のキレイをつくるのが美容液。しっかりケアしていきましょう！

アヤナスエッセンスコンセントレート／DECENCIA

乳液は水分を
閉じ込めるフタ

美肌づくりのためには、なにはともあれ保湿が命です。
夏は冷房、冬は暖房、現代社会においてお肌はいつも乾燥という危機に晒《さら》されています。

化粧水のあと、油分で〝フタ〟をしてますか？

せっかくたっぷり保湿を行っても、乳液やクリームなどの油分でフタをしなければ、水分がすぐに蒸発してしまいます。
これは乾燥肌の人だけではなく、オイリー肌を含む全ての方に共通することです。
パックのあとも、疲れて「ま、いいかな」と思った日も、肌のベタつきが気になる暑い夏の日も、必ず行ってください。

乳液とクリームのどちらを選ぶのかについては、**肌の油分が多い方は乳液を、少なめの方はクリームを選ぶといいでしょう。**

フタをするのに10秒もかかりません。横着せずに、毎日行ってくださいね。

マッサージを
毎日の習慣に
加える

朝起きた時のお顔のむくみ、夜寝る前の疲れた表情など気になりませんか？

スキンケアの時に一緒にお顔の筋肉をほぐすことで老廃物を流し、内側からイキイキとしたお顔に戻してあげましょう。

①おでこ
②目頭のくぼみ
③こめかみ
④目の下
⑤頬骨の下
⑥フェイスライン

これらの箇所を手で優しくプッシュし、ほぐしていきます。

力加減は軽～く圧をかける程度。**ちょっと押されてるな、と感じるぐらいで充分です。**強い刺激は、たるみの原因や逆に筋肉を硬くしてしまう場合があるので、注意しましょう。

①おでこ

実はお顔の中で一番凝りやすいのがおでこ。疲れや緊張が溜まりやすい場所だといわれています。眉毛から指1本分あけたところを指をくの字にし、人差し指の第2関節からつけ根の長さを使って左右にグッグッグッと何回かに分けてほぐします。

②目頭のくぼみ

今度は両手の親指を使います。指の腹を目頭のくぼみに押し当て、一度大きく息を吸い、吐きながらグ～っと5秒間プッシュします。**目頭のくぼみは目の疲れが溜まりやすい場所。**つい険しい表情をしがちな人は、ぜひ実践していただきたいところです。

③こめかみ

こめかみもほぐすと目の疲れがとれます。中指と人差し指を使ってプッシュします。息を吸ったら、吐きながら5秒間押します。**こめかみはスキンケアの時以外でも「ちょっと疲れたな」と思った時などにも押してあげるとスッキリしますよ。**

④目の下

目元は皮膚が薄く繊細です。**必ず美容液や乳液を使っている時など手の滑りが良い状態で行います。**涙袋のすぐ下の部分に中指と人差し指の腹を当てて、目元を下から持ち上げるように軽く5秒間プッシュしてください。

⑤頬骨の下

ちょうどシェーディングを入れた場所がほぐす場所。みなさん位置はもうバッチリですよね？　握りこぶしをつくり、下から上に頬を持ち上げるように、こぶしの第2関節をつかってゆっくりプッシュします。**このマッサージは、気になるほうれい線の予防にもなります。**

⑥フェイスライン

フェイスラインのマッサージは、気になるアゴのたるみをスッキリさせる効果があります。頬骨の下と同じ要領で握りこぶしをつくって下からアゴを持ち上げるように大きく息を吸って吐きながら5秒間、こぶしの第2関節をつかってグ～ッとプッシュします。

セルフマッサージは毎日全て行わなくても、気になるところだけでもOKです。自分が気持ち良くあるために、日々のケアに少しずつ足してみましょう。

消えるシワもある

見た目の年齢は何によって決まると思いますか？

そうです。シワです。

では、それが一番目立つのは顔のどこでしょうか？

それは目の周り。

ズバリ、見た目年齢を決めるのは目の周りのシワなのです。


シワは加齢のせいだと思いがちですが「乾燥小ジワ」と呼ばれる乾燥が原因となってできるシワもあります。目元にできる細いちりめん状のシワがそれ。目の周りは、お顔の中で一番皮膚が薄いので乾燥しやすいのです。


目立つ目元のシワ、できてしまってもまだあきらめないで！

「乾燥小ジワ」はアイクリームでたっぷり保湿すると、消えてくれるものがほとんどです。くっきり大きなシワになってしまう前に今日から目元のケアをはじめましょう。

塗るタイミングは化粧水などで潤いを与え、乳液やクリームの油分でフタをしたあと。お肌に負担をかけないようにを優しく重ねていきましょう。**残念ながらすでにできてしまったシワには、肌を軽く引っ張りながらシワに塗り込むように伸ばしてください。**

キュレル アイゾーン美容液／花王

お肌はあなたの心をうつす鏡

「ストレス肌」や「ゆらぎ肌」という言葉があるように、**多くの大人の女性のお肌は、ストレスによるダメージに悩まされています。**

スキンケアだけでは、なかなか解決できないのがこのトラブル。お肌のためにも自分だけのリフレッシュ方法を見つけましょう。

たとえば、私の一番のリフレッシュ方法は「運動」です。理由は単純で、3ヶ月で7キロのダイエットに成功し、自信がついたからです。私はメイクと一緒で「キレイになれること＝楽しいこと」というタイプみたいです(笑)。

リフレッシュ方法はなんでもかまいません。

無理に運動をしなくても、友だちとおしゃべりしたり、家でゆっくりお風呂に入ったり、たくさん寝るのだって立派なリフレッシュ方法です。

リラックスする、楽しくなる、幸せな気持ちになると、免疫力が高まりお肌のパワーも底上げされます。**週に1度は意識して気持ちがポジティブになる機会を設けましょう。**

心が元気になってくると肌も元気になってきます。お肌は心をうつす鏡なのです。

Column 6

プチプラコスメの選び方

私はドラッグストアやコンビニ、スーパーなどで気軽に買えるプチプラコスメマニアです。10代の時から30代になった今も新しいプチプラコスメを見つけると試し、お気に入りのものはSNSでご紹介したりもしています。

プチプラコスメの魅力はメイクの幅を気軽に広げることができること!

勇気のいるイメージチェンジも、季節やファッションに合わせて色や質感で遊びたい時なども、プチプラコスメならチャレンジしやすいはず。

また、プチプラコスメといえど今は安いだけではなく、高級なデパートコスメに引けを取らない優秀なものがたくさんあります。

ここだけの話ですが、**特にチークは入れ方さえマスターすればデパートコスメと仕上がりの差がつきにくいアイテムです。**

ぜひ、あなたもいろんなプチプラコスメを試してみてください。

Q. ブラシのお手入れ方法は？

A.

ブラシはメイクの大切な相棒です。**毎日とは言いませんが、週に一度は洗ってください。**

生徒さんでも汚れが溜まったブラシを使っている方がいます。そんな方にはいつも「雑巾でメイクをしているのと同じですよ」とお声がけしています。

汚れが溜まったブラシは雑菌が増殖して、肌荒れの原因になったり、ブラシが油分などで固まることで、粉の含みが悪くなったり、肌に当てると痛く感じたりします。

メイク上手を目指すなら、ブラシのお手入れは必須です。

お手入れ方法は簡単です。ブラシ専用クレンザーをティッシュに垂らし、ブラシを上下に動かして汚れを拭き取ったあと、軽く水洗いをして乾かしてください。その時、髪を洗うようにシャンプーで洗い、リンスを少量つけるとさらに柔らかくなります。その際はすすぎ残しがないようしっかり洗い流してください。ブラシは完全に乾いてから使用しましょう。

Q. 一重でアイメイクを楽しめない

A. **大人の上品さ、知的で凛とした印象が一重ならではの魅力。**まずは自信を持つこと。そしてその魅力をいかすメイクを意識しましょう。アイメイクはアイライナーの太さがポイント。細く引くのではなく、目を開けた時にしっかりラインが見えるぐらい太く引いてあげると目がスッキリ見えますよ。

Q. メイク直しのポイントを教えてください

A. 本来はメイク直しをする必要がないようにメイクすることが基本です。まずはこの本でお伝えしたことを実践しましょう。

そしてメイクしたあとはお顔を触らないこと。そうすればメイクは落ちません！ **お顔を触ると、手の皮脂などでベースがヨレたりしてメイクが崩れやすくなってしまいます。**

しかし、どうしても崩れてしまった時はティッシュで余分な油分をおさえてから、フェイスパウダーを崩れが気になる箇所に軽く重ねてください。油分をおさえずに重ねてしまうと、崩れが余計に目立ち逆効果です。

Q. シワやたるみを隠したい

A.

大人になれば自然に出てくる悩みですが、気になりますよね。**上手にカバーするには「隠す」のではなく「飛ばす」というのがポイントです。**

隠したいからといって下地やファンデーションの厚塗りは厳禁。たるみが強調されたり、シワの間にファンデーションが入り込み、余計にシワを目立たせたりしてしまいます。

パール入りの下地やファンデーション使って光で飛ばすことを意識しましょう。また、**ハイライトをしっかり入れるだけでもシワに目がいかなくなりますよ。**

Q.
去年買ったコスメ、まだ使える？

A.
開封後はホコリや雑菌が混入する場合があるため、**早めに使い切ることをおすすめします。** 来シーズンも使用したい場合は日の当たらない場所で保管をし、使う時は変色や分離をしていないかチェックをしましょう。未開封の場合、製造から約3年間が期限となるものがほとんどです。

Q.
雑誌やメイクさんによって言ってることが違う。一体何が正解？

A.
メイクには「これが絶対」という正解はありません。ですが、**まずはひとつ基本をしっかり学んでみるのが上達のコツ。** この本に書かれていることができるようになったら、気になるメイクを自由に取り入れて楽しんでみてください。

Q. メイクの世界に入ったきっかけは？

A.

自分が可愛くなる方法が知りたかったから。コンプレックスだらけで自信がなかった私が可愛く変身できる唯一の手段であるメイクを、もっと上手になりたいと思ったからです。

その後、仕事を続けるうちにお客様の「あんな風になりたい」「こういう女性になりたい」という思いを叶えたい、一人でも多くの女性をサポートをしたいという気持ちになりました。

諦めている女性はもったいないです！　あなただけの魅力は必ずあります。それを引き出し、より輝かせる手段がメイクなのです。

Q. 仕事を行う上で気をつけていることやこだわりは？

A. 普段はマンツーマンでレッスンをしているので、生徒さん一人一人の魅力を最大限に引き出すためのアドバイスをハッキリ、わかりやすく伝えることです。また、**メイクのテクニックをしっかり身につけてもらうことにもこだわっています。**

Q. やりがいを感じる時はどんな時ですか？

A. 生徒さんがメイクで変わっていく中で見られる笑顔や「メイクをすることが楽しくなった！」「明るくなったと言われた」との報告を受けた時です。一番は決められませんが「人生が変わった」といわれた時はジーンときましたね。**改めてメイクって見た目だけじゃなくて、内面も変わることを実感しました。**

Q. 女の子にとってメイクって何だと思いますか？

A. ワクワクと新しい自分に出会わせてくれる、いくつになっても楽しめるもの。**モチベーションを上げてくれる魔法です。**

Q. 読者に伝えたいことは？

A. 自分のお顔をもっと愛してください。お顔のお肉は宝物ですし、年齢を重ねて出るシワはそれだけたくさん笑顔でいた幸せの証です。**自分を大切に思いながら施すメイクはあなたの美しさをより引き出してくれますよ。**

イヤリング¥3,800(サンポークリエイト〈mimi33〉) その他／私物

おわりに

この本を手に取り最後まで読んでくださったあなたへ

「メイク本をつくりたい」というのは、独立前から抱いていた想いでした。ブログを読んで会いに来てくれたある方が「ＴＯＭＯＭＩさん、いつか本を出してください」と言ってくださいました。とても嬉しくて「メイクによって誰でも変われるし、輝ける。そんなメイクの楽しさをみんなに知ってほしい！」と本を出すことが私の目標の一つとなりました。

それから数年。メイクスクールの生徒さんの一人から「一緒に本をつくりませんか？」と声をかけられたのです。その生徒さんはなんと出版社の方で「こんな運命的なことはない！」と秘めていた想いを打ち明け、本の制作がスタートしました。

自分の力だけでは、この本は完成しなかったと思います。みなさんに支えられているからこそ実現できました。一つ一つのご縁に心から感謝いたします。

魅力はいくつになっても更新できるものです。

あなたと一緒に私も、今よりもっと可愛くキレイを目指していきたいと思っています。

ただ毎日なんとなく過ごすのではなく、努力しながら変化していく方が楽しい人生だと思いませんか？

なにごとも諦めてしまったらそれ以上は何も得られません。それはメイクでも、メイク以外でも同じこと。

この本でご紹介したメイクがあなたの魅力を引き出し、あなたの自信へと繋がりますように。

ありがとうございました！

TOMOMI

私の人生を変えたブログ記事全文

中学の同級生トモミ

ぼくにはトモミという中学の同級生がいる。

トモミとは中学時代に同じクラスになったこともあったが、全く仲良くなかった。

というか、ぼくは当時、中学でスクールカーストの最底辺にいたので仲の良い同級生など皆無だった。

ぼくはその影響か成人式にも出席していないし、学年全体の同窓会も欠席している。

また、卒業アルバムも捨ててしまって中学の思い出など跡形も残っていない。

ぼくの人生において中学時代の同級生と関わることなど無いと思っていた。

そんなぼくとトモミが再会を果たしたのはフェイスブックがキッカケだった。

今はもう沈静化してしまったがフェイスブックが流行りだした当時は、毎日のように友達申請が高校の同級生や中学生の同級生から届いたものだ。

お互い全く会う機会もないけれど、名前や顔はぼんやり覚えているので「とりあえず繋がっておくか」という感覚だったのだとおもう。

そんな風にしてフェイスブックで繋がったことによって、東京に住んでいるある中学の同級生から同窓会の誘いがメッセージで来たのだ。

ぼくはその際に行くのを戸惑ったのだが、大人数なわけでも無いしこんな機会ももう無いと思ったので、出席することにした。

そして、東京にいる中学の同級生４人でささやかな同窓会をしたのだ。

その中の一人がトモミだった。

トモミの中学時代の顔をぶっちゃけあんまり覚えていないが、大人になってとても綺麗になったなと思った。

ぼくたちはお互いに仕事の話をするのが好きで、馬が合ったので、同窓会以降も何度も飲みに行って仲良くなったのだ。

―トモミの素顔を知った―

そして、つい最近のある日。

トモミから突然ＬＩＮＥが来た。

とりあえずお茶をしようという誘いだ。ぼくはちょうどその時間が空いていたので、渋谷マークシティにあるスタバで待ち合わせして落ち合うことにした。

ぼくがスタバに着くとトモミは先にもう到着していて、席を取っていてくれていた。

渋谷のスタバだけあって平日にもかかわらず混雑していて、あちらこちらで女子トークが繰り広げられていた。

トモミはこれから先輩の送別会があるらしく、プレゼントを買い物していたのだ。

そして、送別会までの時間がちょうど空いたので、ぼくを誘ったらしい。

まぁーぼくは彼女の暇つぶし相手に指名されたわけだ。

軽い挨拶を済ませて近況の話になった。

トモミはつい最近、一人で沖縄旅行に行ってきたらしい。

その旅話をマシンガンのように彼女は語り始めた。

トモミは話し出したらもう止まらない。

たった一回の女子の一人旅行でそんなに話しすることがあるのかというくらい怒涛のように語る。

ぼくはその話を聞きながらずっと、「ウンウン分かる」、「それウケる！」と女子トークのように相槌を打った。

ウンウン分かる、それウケる、うん分かる、ウケるそれ！ウンウン。。。。。そんなキャッチボールを交わすこと40分。

話の途中でトモミは「沖縄でついに神様と出会った」と言ってきた。

ぼくはそれを聞いて「コイツはついに怪しい宗教にでもヤラれちまったのか」と思った。

しかし、神様の話をよくよく聞いていくと、「神様のように優しいタクシー運転手と出会った」という話だったので、ぼくは素直に感動した。

沖縄一人旅の話をひとしきりしてトモミはすっきりしながらキャラメルフラペチーノを赤リップを塗った口元に含んだ。

そして、トモミは「私ってすごい素顔にギャップがあるって言われるんだ」と語り始めた。

みなさんは女性のスッピンをどれだけ見たことがあるだろうか？

ぼくは今まで彼女のスッピンを見たことあるワケだが、ぼくの彼女たちはそこまで素顔とのギャップが無い方だったので、特段に素顔を見て驚いた経験は無い。

また、数人の友人のスッピンを見たことあるがこれと同様だった。

トモミはぼくに続けた。

「わたしの素顔見たい？」

ぼくはゆっくり且つ、力を込めて「うんっ！」とうなづいた。

すると、おもむろにトモミはｉＰｈｏｎｅをタッチし、写真アルバムを漁りだした。

そして、ある写真を選んでｉＰｈｏｎｅをぼくの顔に差し出した。

ぼくの眼前にいた写真がコレだ。（※はじめにの写真参照）

「だっっっ・・・・・・・・・誰だっっ！！！！ツミはっっッッ！！！」

この写真に写ってる女性はぼくが知ってるトモミじゃないトモミじゃないトモミじゃないトモミじゃないトモミじゃないっっっっっっっっっっ。

ぼくは恐る恐る聞いた。

「これ一体誰なの？」

トモミは答えた。

「ア、タ、シ、だよーーー！」

ママママ、マジかと。。。。ぼくが知ってるトモミはこんな感じの女子である。

かなりカワイ子ちゃんである。

うん、トモミはカワイイ。

ぼくはトモミは友達とか関係なく綺麗な子だなって素直に思っている。

しかし、彼女の本当の素顔はコレなのだ。

ぼくは正直驚いた。

人間ってこんなに変わるモノなのか。コレは本当に同一人物なのか。。。

しかし、ぼくはこの写真をトモミに見せられて素直に感動した。

トモミって本当に本当に、努力したんだなと思った。

そして、ぼくはスタバという場所など忘れて思わず、「トモミ、スゲーーーーよ！！！オマエヤバイよ！！！マジでスゴイと思う！！！」ってかなり大人気ないテンションで叫んでしまった。

ぼくはしばらく、トモミヤバイ、ヤバイヤバイヤバイヤバイヤバイっっっっっっっ。。。。。。とぶつぶつ口に出しながらスタバ中をあっちへ行ったりこっちへ来たり歩き回るほどだった。

そんな子供みたいなぼくをトモミは微笑みながら見てくれていた。

ぼくは興奮して、トモミに伝えた。

「この写真も添えて、今回のエピソードをブログに書いていいかな？」

ぼくはこのトモミの変身ぶりを単純に世の中に伝えたかった。

だって、「メイクひとつでこんなに変われる女子がいるんだぞ」ってことを知ってもらいたいと思うのは当然じゃないか。

そして、世の中の男はもっと女性に対してリスペクトを置いて欲しいと思った。

また、トモミの変身ぶりを知った女性たちの中で勇気づけられる人たちもきっといるだろうとぼくは感じたのだ。

トモミは「わたしのこの写真によって誰かの役に立てるなら」と二つ返事でオーケーしてくれた。

ぼくは「トモミは本当にイイ女だな」と思った。

「コンプレックスはメイクによって輝くんです」

トモミと別れてからＬＩＮＥをした。

すると、彼女はいつになく真剣なメッセージをぼくにくれた。

これがとても素晴らしかったのでここで紹介したい。

今更だけど、トモミは大手の化粧品会社に勤めているとても優秀な人間です。

トモミは仕事でもそうだけど、「メイク」というモノとずっと向き合ってきたんだと思う。

トモミは普通の女性の倍以上の時間を使ってメイクをしていると言っていた。

それだけの時間を使って人の見えない所でメイクの練習をし、スキルを身につけて今のトモミは在るのだ。

そう想像するとなぜかぼくは目頭が熱くなってしまう。

彼女は自分のスッピンも好きだと言った。

だけど、やっぱり異性にも好かれたいし、同性に綺麗とも言われたい、それがずっと彼女にとってコンプレックスなんだったと思う。

だからこそ、「どうしたら自分がもっと綺麗に見えるか」を彼女はとても研究したんだと思う。

そして、彼女はずっと自分を磨きに磨き続けてコンプレックスを糧にして大きな美貌を手にした。

ぼくはその思想がとても純粋で美しいと思ったのだ。


―30代、40代はその人の人生が滲み出る―


トモミのこの言葉にぼくはとても感動した。

そうだ、中学、高校で大して苦労もせずにカワイかった人、カッコよかった人なんて生まれ持った顔立ちがたまたま良かっただけなのだ。

30代、40代になればその人の人生観や内面が顔にも会話にも溢れ出てくる。

魅力的な人は、自分を絶えず磨き上げてきた人やコンプレックスから這い上がってきた経験がある人だ。

そして、そんな人たちはトークにもとても長けていて話していて面白い。

大きなコンプレックスと向き合ってる人は根暗な人間だ。

根暗で、自分独りでずっと考え続けて実験をし続けてきた。

だからこそ、自分の見せ方を知っている。

トモミはまさにそんな人間であり、ぼくはそれが単純にすごいと思うし、尊敬する。

トモミのおかげで、女性のメイクへの想い入れもぼくはたくさん知れた。

ぼくはメイクをする女性をずっとリスペクトし続けようと彼女のことを知って思った。

トモミのような存在はきっと多くの女性を勇気づけると思う。

世の男性の皆さんどうだろう？ メイクをする女性ってスゴイと思わないか。

今日ぼくが書いた記事で少しでもそう思ってくれたらぼくは嬉しいし、きっと彼女も喜ぶのではないか。


今回紹介したトモミはインスタもやっています。

今日から心機一転して鍵を外したので良かったら見てみてください。


トモミは中学の同級生だけど、こんな面白い同級生を持ててぼくはとても嬉しい。

ミヤハヤ

【追記】

この記事が30万人以上に読まれる大ヒットとなって、トモミのインスタグラムのフォロワーが２７００人以上増えました。

そして、トモミは長年勤めた大手化粧品会社を退職し、メイクアップアーティスト、インスタグラマーとして独立しました。

現在、トモミのインスタグラムのフォロワーは７０００人を超えています。

（２０１７年４月25日現在）

（注）表記の誤り以外については、原文をそのまま掲載しています。

ミヤモリハヤト公式ブログ（２０１９年8月現在）

https://www.hayatomiyamori.com/entry/2019/03/06/090317

コスメ お買い物リスト

※本書に記載の情報は、2019年8月時点のものです。本リスト内の商品は、すべて私物です。現在購入できない場合がございますので、ご了承ください。また各ブランドへの本書に関するお問い合わせはお控えくださいますよう、お願い申し上げます。

スキンケア

■ クレンジング

シュウ ウエムラ
フレッシュ クリア
サクラ クレンジング オイル
（日本ロレアル）

毛穴や皮脂が気になる方におすすめ。W洗顔不要で使い続けるとなめらか肌に！

■ クレンジング

skinvill
ホットクレンジング ジェル
（I-ne）

W洗顔不要。潤い成分もたっぷりで洗顔後もつっぱりにくい。マッサージしながらも◎

■洗顔

オルビスユー ウォッシュ
（オルビス）

毛穴の汚れスッキリ。ツルピカ肌を目指すなら、きめ細かい弾力のある泡で洗って！

■ 化粧水

アヤナス ローション
コンセントレート
（DECENCIA）

濃密な潤いがす〜っと肌に浸透し満たされる感覚。ずっとこのシリーズに助けられてます。

■ 化粧水

キールズ IRS
エッセンス ローション
（日本ロレアル）

全ての肌タイプに心地よくなじむ。健康的な素肌の土台作りには欠かせない強い味方。

■ クリーム

アヤナス クリーム
コンセントレート
（DECENCIA）

美容成分をしっかり閉じ込め、翌朝まで続くもっちり感。上質な肌に仕上がるリッチな極上クリーム。

■ クリーム

キールズ ナイト
ファーミング マスク
（日本ロレアル）

キュッと肌を引き締めハリと弾力を与える夜用マスク。頑張った自分へのご褒美に。

■ クリーム

キールズ クリーム SP
（日本ロレアル）

全ての人が使える、キメ、潤い、ハリ感、ツヤなどトータルに働きかける美肌クリーム。

■ 美容液

アヤナス エッセンス
コンセントレート
（DECENCIA）

コクのある一滴。肌と一体化するように浸透し、なめらかでピンっとしたハリ肌に。

■ アイクリーム

キュレル
アイゾーン美容液
（花王）

皮膚が薄く水分蒸発量の多い目元に「何もつけない」はNG。ふっくらハリのある目元に。

■ シートパック

SAISEIシート マスク
［フェイスライン用］ 7days
2sheets
（FLOWFUSHI）

アゴ下までしっかりカバー。こちらは週に1回の定期的なケアとして活用しています。

■ シートパック

クリアターン
肌ふっくら マスク
（コーセーコスメポート）

50枚入りなので毎日続けやすい！ 洗顔後、化粧水前の導入として使っても◎ マスク後はいつも通りのスキンケアを。

ベースメイク

■ 下地

【色ムラ】サナ エクセル グロウルミナイザーUV
左から GL01ピンクグロウ・GL03ブルーグロウ・GL02ベージュグロウ
（ノエビア）

ベージュは肌トーンを均一に。ブルーは透明感をお肌に与えてくれる。ピンクはくすみを飛ばし血色肌に！

■ ファンデーション

【ツヤタイプ】

ルナソル グロウイング
ウォータリーオイル
リクイド 02ナチュラル
（カネボウ化粧品）

まるで美容液のような潤い。素肌のような軽やかさのうるツヤ肌が完成。

■ 下地

【毛穴】
Borica
美容液 マスクプライマー
シャンパン
（T-Garden）

毛穴や凹凸を滑らかにカバーするオイルプライマー。つるんと滑らか肌を実現できる。

■ 下地

【色ムラ】
RMK
ベーシック
コントロールカラーN 03グリーン
（エキップ）

グリーンカラーが気になる赤みやニキビ跡をカバー。潤い効果が高いのも嬉しい。

■ 下地

【テカリ】
ソフィーナ プリマヴィスタ
皮脂くずれ防止化粧下地
（花王）

汗、皮脂崩れの強い味方！ファンデーション崩れが気になる方は、まずはこの1本。

■ ファンデーション

【敏感肌タイプ】

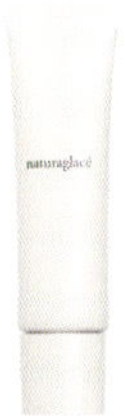

ナチュラグラッセ
メイクアップ クリーム N 01
シャンパンベージュ
（ネイチャーズウェイ）

オールインワンのファンデーション。石鹸で落とせるので、敏感肌さんでも安心。

■ ファンデーション

【マットタイプ】

ランコム
タンイドル ウルトラ ウェア
リキッド BO-01
（日本ロレアル）

お直し要らずのキープ力。気になる毛穴や色ムラも自然にカバーしてくれる。

■ ファンデーション

ミシャ M
クッションファンデーション
（モイスチャー）No.21
（ミシャジャパン）

みずみずしく潤いのある水光肌に。プチプラクッションの中ではこれが一押し。

■ コンシーラー

イプサ
クリエイティブコンシーラー e
（イプサ）

肌色に合わせて3色をブレンドできる。初心者さんにも使いやすいコンシーラー。

■フェイスパウダー

【ツヤタイプ】

ローラ メルシェ
トランスルーセント ルース
セッティング パウダー グロウ
（資生堂ジャパン）

大人に似合う軽やかで洗練された輝き。潤いに満ちたヘルシーグロウ肌に。

■ フェイスパウダー

【マットタイプ】

シャネル プードゥル ユニヴェルセル リーブル #10ランピッド
（シャネル）

空気のように軽い仕上がり。肌を乾燥させずにキメ細かな上質肌が長時間続く。

■ シェーディング＆ハイライト

アディクション
コントゥアリング アディクション 02ウォーム トリニティ
（コーセー）

肌に溶け込むような自然な陰影を生み出すグラデーションが絶妙。付属のブラシがないので注意。

■ チーク

アディクション
ザ ブラッシュ 019
エモーショナル
（コーセー）

コーラルピンクの中でもイチ押しカラー。ミネラル成分が肌を保湿しながら、驚くほどシアーで軽い。

アイメイク

■ チーク

M･A･C
ミネラライズ ブラッシュ デインティ
（ELCジャパン）

1つは持っておきたい血色カラー。美容液成分配合でナチュラルに頬を染めてくれる。

■ アイシャドウベース

キャンメイク
ラスティングマルチアイベース WP 01フロスティクリア
（井田ラボラトリーズ）

アイシャドウを最大限に鮮やかに発色させ、持ちもキープ。ウォータープルーフなのも優秀。

■ シャドウ

エクセル スキニーリッチシャドウ SR01ベージュブラウン
（ノエビア）

迷ったらまずはこのブラウンパレット！ 極上のグラデーションが簡単にできる。

■ シャドウ

MiMC ビオモイスチュア シャドー 20スプリングヘイズ
（MiMC）

パープルとブラウンの組み合わせが大人！ エレガントな女性を演出してくれるカラー。

■ シャドウ

MiMC ビオモイスチュア
シャドー 21ムーンライト
(MiMC)

ミステリアスで知的な印象に。繊細な輝きがあるダークカラーがより洗練された美人顔に。

■ アイライナー

キャンメイク
クリーミータッチライナー
02 ミディアムブラウン
(井田ラボラトリーズ)

超極細ジェルアイライナーでとろける描き心地は虜になりそうなくらい。まつ毛のすき間も簡単に埋められる。

■ アイライナー

ラブ・ライナー リキッド
グレージュブラウン
(msh)

コシのある毛先で安定感があるスムーズな描き心地。グレージュブラウンはアクセントになりながらも透明感のある自然な仕上がりに。

■ アイライナー

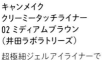

DAZZSHOP
サパーブ アイライナー
ペンシル RHAPSODY01
(エステティクス)

塗布直後にぼかすことでアイシャドウとしても使用できるジェルタイプ。派手すぎずメイク映えも可愛さも一気に叶う。

■ マスカラ下地

キャンメイク
クイックラッシュカーラー 透明タイプ
(井田ラボラトリーズ)

まつ毛カール&キープにおすすめ! トップコートとしても使用可能。カールが長時間持続するのが◎

■ マスカラ

クリニーク ラッシュパワーマスカラ
ロングウェアリングフォーミュラ #01ブラックオニキス
(ELCジャパン)

1本1本セパレートに繊細ロングまつ毛に仕上がるマスカラ。汗、皮脂に強いのに、ぬるま湯で簡単オフ。

眉メイク

■ マスカラ

Celvoke
インラプチュア ラッシュ
04パーシモン
（マッシュビューティーラボ）

コンパクトなブラシが目頭や目尻にもフィットしやすい。印象的な目元に仕上がる絶妙なカラーがおしゃれ度を上げる1本。

■ アイブロウペンシル

ケイト アイブロウペンシル
A BR-5黒味の薄茶色
（カネボウ）

描きやすい繰り出しタイプ。なめらかな描き心地で眉毛を1本1本描き足せる。色のバリエーションも広い。

■ アイブロウパウダー

ケイト デザイニング
アイブロウ3D EX-5
ブラウン系
（カネボウ）

これ1つで立体的なグラデーション眉毛が完成。なりたい濃さに合わせて自由に色を調整。明るいカラーはノーズシャドウにも使用可能。

■ 眉マスカラ

ケイト 3Dアイブロウカラー BR-1
ナチュラルブラウン
（カネボウ）

毛流れを整えながら、眉毛を立体カラーリング。仕上がりを大きく変えるアイテム。

リップメイク

■リップベース

M·A·C
プレップ プライム
リップ
（ELCジャパン）

使わなきゃ損の必需品。あとに塗るリップの色持ちを良くし、発色の良い仕上がりに。

■ リップクリーム

アルジェラン オイル リップ
スティック ダマスクローズ&
ラベンダー
（マツモトキヨシ）

オーガニック認証のとろけるリップスティック。これで唇は毎日うるツヤ。

■ リップ

オペラ ティントオイルルージュ 03 アプリコット（イミュ）

じわっと唇に溶け込むティントオイルルージュ。モテも好感度もトレンドも叶える！

■ リップペンシル

M・A・C リップペンシル ボールドリーベア（ELCジャパン）

なんでも合わせやすいマルチなカラー。オールシーズン使いまわせるところも◎

■ リップ

ケイト カラーハイビジョンルージュ RD-3（カネボウ）

初心者さんでも取り入れやすい魅力倍増赤リップ。見たままの発色がすごい。

■ リップ

レブロン ウルトラ HD マット リップカラー 018キスイズ（レブロン）

ベルベットのような、滑らかなつけ心地で高発色。塗っているだけでおしゃれなイメージに。

メイクツール

■ ビューラー

資生堂 アイラッシュカーラー213（資生堂）

自然な丸みのあるカーブでどんなまゆ毛も根元からしっかりキャッチ。

■ メイクブラシ

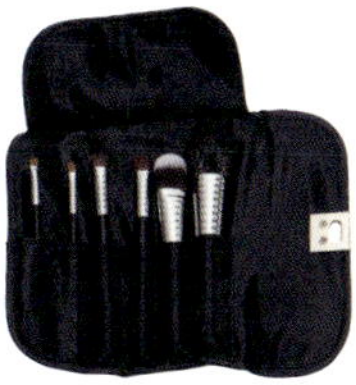

メイクブラシ 6本セット A0613J（DUcare）

TOMOMI監修。持ち運びにも便利なコンパクトタイプなので出先のお直しもこれで完璧！

STAFF

ブックデザイン　山之口正和(tobufune)
DTP　小椋由佳
モデル　アイコ
カメラマン(人物)　玉置順子(t.cube)、藤井マルセル(t.cube)
カメラマン(静物)　窪田慈美
スタイリスト　田澤美香
ヘア　横井七恵(S.HAIR SALON)
イラスト　すぎもとみさき(side dishes)
編集　稲垣飛力里(side dishes)

協力店
*サンポークリエイト　082-248-6226
*ユニバーサルランゲージ 渋谷店　03-3406-1515

本書の内容に関するお問い合わせは、**書名、発行年月日、該当ページを明記**の上、書面、FAX、お問い合わせフォームにて、当社編集部宛にお送りください。**電話によるお問い合わせはお受けしておりません**。また、本書の範囲を超えるご質問等にもお答えできませんので、あらかじめご了承ください。
FAX：03-3831-0902
お問い合わせフォーム：http://www.shin-sei.co.jp/np/contact-form3.html

メイクが変わればあなたが変わる　一生モノのメイク術
2019年 9 月25日　初版発行

著　者　T O M O M I
発行者　富 永 靖 弘
印刷所　株式会社新藤慶昌堂

発行所　東京都台東区 台東２丁目24　株式会社　新星出版社
〒110-0016　☎03(3831)0743

ISBN978-4-405-09373-7